coleção primeiros passos 49

CB050039

Dalmo de Abreu Dallari

# O QUE SÃO
# DIREITOS DA PESSOA

**editora brasiliense**

ISBN: 85-11-01049-1
1ª edição, 1981
10ª edição revista, 1994
4ª reimpressão, 2019

Diretora editorial: *Maria Teresa Lima*
Editor: *Max Welcman*
Produção editorial: *Laidi Alberti*
Diagramação: *Digitexto Serviços Gráficos*
Ilustrações: *Emílio Damiani*
Revisão: *Moira Versolato G. de França* e *Ricardo Miyake*

**Dados Internacionais de Catalogação na Publicação (CIP)**
**(Câmara Brasileira do Livro, SP, Brasil)**

Dallari, Dalmo de Abreu, 1981
  O que são direitos da pessoa / Dalmo de Abreu
Dallari – São Paulo : Brasiliense, 2004. – (Coleção primeiros passos ; 49)

1ª reimpr. da 10ª ed. rev. de 1994.
ISBN 85-11-01049-1

1. Direitos humanos I. Título II. Série.

04-2780                                                CDD-323

Índices para catálogo sistemático:
1. Direitos humanos : Ciência política 323

**Editora Brasiliense**
Rua Antônio de Barros, 1586
CEP 03401-001 – São Paulo – SP
www.editorabrasiliense.com.br

# SUMÁRIO

# O SER HUMANO E SEUS DIREITOS

Toda pessoa humana tem direitos. Isso acontece em qualquer parte do mundo. Em grande número de países há pessoas que têm mais direitos do que as outras. Existem diferenças também quanto ao respeito pelos direitos, pois enquanto em certos países os direitos fundamentais da pessoa humana são muito respeitados, em outros quase não há respeito.

Por que existem esses direitos? Porque todas as pessoas têm algumas necessidades fundamentais que precisam ser atendidas para que elas possam sobreviver e para que mantenham sua dignidade. Cada pessoa deve ter a possibilidade de exigir que a sociedade e todas as demais pessoas respeitem sua dignidade e garantam os meios de atendimento daquelas necessidades básicas.

Além disso, as pessoas humanas são todas iguais por natureza e todas valem a mesma coisa, mas cada uma tem suas preferências, suas particularidades e seu modo próprio de apreciar os acontecimentos. Por causa dessas diferenças, as pessoas nem sempre estão de acordo e é preciso que existam regras regulando os comportamentos, estabelecendo o que cada um deve ou não deve fazer, o que é permitido e o que é proibido.

O fato de haver divergências e conflitos não é mau. Ao contrário disso, onde as pessoas são livres é natural que não concordem em tudo e é bom que possam manifestar suas discordâncias. É desse modo que cada um se sente completo como pessoa e dá sua contribuição para o aperfeiçoamento da vida em sociedade. Não se pode, entretanto, dispensar a existência de regras de convivência, não para sufocar as pessoas e impedir que se manifestem as divergências, mas para regular as manifestações e dar a elas um sentido positivo.

Mas como todos os seres humanos valem a mesma coisa, não é justo que só alguns estabeleçam as regras e os outros só fiquem com a obrigação de obedecer. Essas regras é que constituem o direito. E para que o direito seja legítimo e justo é preciso que todas as pessoas do povo possam dar sua opinião no momento em que as regras são escolhidas. É preciso também que todas as pessoas do povo, mesmo aquelas que estão no governo, ou que são poderosas, sejam obrigadas a obedecer e a respeitar o direito.

Mas se o direito é necessário e se ele estabelece regras justas para a vida social, como se explica a existência de injustiças apoiadas pelo direito? E se o direito é útil ou necessário para os seres humanos, como se explica que os direitos não sejam respeitados por todos?

Quando existe um direito injusto é sinal de que o povo não foi ouvido ou de que algumas pessoas usaram a força econômica, militar ou política para impor a todos os outros o direito injusto. Nesse caso, o que existe é um direito ilegítimo. É preciso, então, que muitas pessoas denunciem as injustiças e façam pressão para que as regras ilegítimas sejam substituídas por outras aprovadas pelo povo.

Como é evidente, as pessoas e os grupos mais poderosos procuram sempre impor sua vontade, para que o direito atenda antes de tudo aos seus interesses. Isso acontece com mais facilidade onde a maior parte das pessoas não procura saber o que o Legislativo e o Executivo estão fazendo e não tem interesse por assuntos políticos.

O desinteresse da maioria do povo deixa sem controle e sem fiscalização os que tomam as decisões políticas. E, desse modo, elas ficam à vontade para decidir a favor dos poderosos, desprezando as necessidades e a vontade do povo. Assim é que se explica a existência de leis, decretos e atos administrativos contrários ao interesse público.

Por aí se percebe também que não basta votar para ter a garantia de uma ordem justa, sendo indispensável procurar conhecer bem o candidato para o qual se vai dar o voto e, depois disso, acompanhar a vida das instituições políticas. Com essa participação permanente do povo e das organizações de base, como associações, comunidades e sindicatos, será mais fácil impedir que sejam desrespeitados os direitos fundamentais das pessoas humanas.

O que desde logo deve ficar claro é que existem certos direitos que nem as leis nem as autoridades públicas podem contrariar. Esses direitos estão quase todos na Declaração Universal dos Direitos do Homem, aprovada pela Organização das Nações Unidas (ONU) em 1948.

Entre as leis de qualquer país, a mais importante e de maior força é a Constituição, onde sempre são enumerados esses direitos fundamentais. Nenhuma lei, nenhum decreto, nenhuma ordem, nenhuma decisão judicial, nenhum ato de qualquer autoridade ou de um particular pode contrariar a Constituição. No mundo moderno, quase todos os países têm Constituição escrita e leis escritas, embora admitindo que o direito inclui também as decisões judiciais e os costumes.

Depois da Constituição vêm as leis, estabelecendo o que cada pessoa e cada membro do governo pode ou não pode fazer. Ninguém tem o direito de fazer o que a lei proíbe e as pessoas só estão obrigadas a fazer o que a lei ordena. A lei feita contra a Constituição não vale, porque é inconstitucional e o ato praticado contra a lei não vale, porque é ilegal.

Todas as pessoas são obrigadas a respeitar a Constituição e as leis do país e quem desrespeitar alguma delas pode sofrer uma punição. Se uma autoridade pública praticar um ato contrário à Constituição ou a uma lei poderá até perder o cargo, além de aquele ato não ter valor legal.

Como se verifica, o sistema legal de um país pode dar proteção completa aos direitos fundamentais de todas as pessoas, mas é preciso que todos fiquem sempre vigilantes, tanto no momento de escolher os membros do Poder Legislativo – os senadores, deputados e vereadores – quanto depois da escolha, para evitar que se use a lei para contrariar aqueles direitos. É necessário também que se faça a vigilância constante para recusar e denunciar os atos ilegais de qualquer autoridade, pois desse modo cada pessoa estará protegendo os direitos fundamentais de todos.

A participação constante, para influir sobre o modo de organização da sociedade, sobre a escolha dos governantes e os atos do governo e, especialmente, sobre os objetivos da vida social é direito de todos. E é também um dever de todos, pois a omissão de cada um deixa caminhos abertos para os injustos e audaciosos.

# A PESSOA, O NACIONAL E O CIDADÃO

Como já foi dito, toda pessoa humana tem direitos, pelo simples fato de ser uma pessoa humana. Assim, por exemplo, todos têm direito à vida, não importando a idade, a cor da pele, o lugar onde nasceu, a preferência política, a profissão, a riqueza ou pobreza, ou qualquer outro fator. Embora existam modos diferentes de proteger esse direito, ele sempre é assegurado quando existe um mínimo de respeito pela pessoa humana.

Mas o lugar do nascimento, a descendência, a escolha de uma nacionalidade, podem influir bastante sobre os direitos. Há certos direitos que um país só reconhece a uma pessoa que tenha nascido no seu território ou que seja filha de pessoa que já tenha esses direitos reconhecidos. Aqui é que aparece a questão da nacionalidade e dos direitos ligados a ela.

O problema da nacionalidade já tem causado muitas dificuldades, porque não existe precisão no uso das palavras *nação* e *Estado,* bem como na utilização de *nacionalidade* e *cidadania.* A palavra Estado se refere a uma unidade jurídica, a um conjunto de elementos, como o povo, o território, o governo e uma finalidade, ligados por um conjunto de regras que se denomina ordem jurídica. Na linguagem comum usa-se a palavra "país" para designar um Estado. Assim, na linguagem técnica são Estados, por exemplo, o Brasil, a Itália, a França, os Estados Unidos da América etc.

O termo *nação* indica um conjunto de pessoas que, sendo geralmente nascidas no mesmo lugar e sendo descendentes de pessoas que têm características semelhantes, apresentam também muitas semelhanças. Os judeus, por exemplo, constituem uma nação. Já o Estado de Israel é um Estado, cujo povo é formado por pessoas de diversas nações, havendo muitos que não são judeus e são cidadãos de Israel.

Nesse sentido, não se pode dizer que uma pessoa muda de nacionalidade. Com efeito, a nacionalidade é definida pelas condições em que a pessoa nasceu e isso nunca pode ser modificado. Mesmo alguém que peça e consiga sua naturalização não modifica suas condições de nascimento.

O que é que muda, então, com a naturalização de uma pessoa? O que muda é a cidadania. Há muita gente que usa essas duas palavras – nacionalidade e cidadania – como sinônimos. Mas como a mudança é apenas da condição jurídica, é mais apropriado falar em troca de cidadania. Assim, também, em muitas outras situações em que se usa a palavra nacionalidade seria mais adequado usar cidadania. Mas é bom saber que nas leis é muito comum que se use uma ou outra dessas palavras com o mesmo sentido, significando sempre a situação jurídica de uma pessoa em relação a determinado Estado.

Para deixar mais clara essa questão, é conveniente explicar melhor o que é a cidadania. Antes de mais nada é preciso lembrar que cidadania indica a situação jurídica de uma pessoa em relação a determinado Estado. Aquele que pertence ao povo brasileiro é cidadão brasileiro e quem pertencer ao povo de outro Estado será cidadão desse outro Estado. A pessoa que não está juridicamente integrada em qualquer povo é qualificada como "apátrida".

### Cidadão originário e cidadão adotivo

Como a lei confere direitos diferentes a quem nasceu já com a cidadania e àqueles que só mais tarde adotaram a cidadania, é preciso distinguir entre essas duas categorias de cidadãos.

O processo de troca de cidadania é chamado de processo de naturalização. Por esse motivo, é que se fala em *natural* (que é aquele que já nasceu com a cidadania) e *naturalizado* (que é aquele que adotou a cidadania). O modo mais preciso de designar essas duas situações será o uso das expressões "cidadão originário" e "cidadão adotivo". Originário é o que já nasceu com a cidadania e adotivo é o que a obteve por adoção, ou seja, pelo processo de naturalização.

A Constituição brasileira usa a expressão "brasileiros natos" para designar os cidadãos originários. De acordo com a Constituição, são considerados cidadãos brasileiros originários, ou brasileiros natos, as seguintes pessoas:

— os que nascerem no território brasileiro. Essa condição é reconhecida também aos filhos de estrangeiros, desde que os pais não se encontrem no Brasil a serviço de seu país.

— os que nascerem fora do território brasileiro, mas forem filhos de brasileiro ou brasileira que esteja no exterior a serviço do Brasil.

— os que forem filhos de pai ou mãe brasileira e que nascerem fora do Brasil. Nesse caso, para ter a cidadania brasileira, a criança deve ser registrada em repartição brasileira, no país em que nascer. Se não for feito esse registro a criança só manterá a cidadania brasileira se passar a residir no Brasil antes de completar

21 anos. E, nesse caso deverá fazer uma declaração dizendo que escolhe a cidadania brasileira. Atualmente, não existe prazo para que se declare essa escolha e, na prática, basta a exibição do registro em repartição brasileira, entendendo-se que a simples declaração de ser de nacionalidade brasileira, em qualquer documento ou ato jurídico, já é suficiente para assegurar a nacionalidade.

Há vários casos em que uma pessoa pode tornar-se brasileiro naturalizado, ou seja, cidadão adotivo do Brasil. Assim, podem adquirir a condição jurídica de brasileiros os que pedirem a naturalização, atendendo as exigências da lei que regula o assunto, inclusive a residência em território brasileiro por cinco anos contínuos. Aos que tiverem nascido em países de língua portuguesa, incluindo os nascidos em Portugal ou nos países africanos que adotam o português como língua oficial, bastam a residência ininterrupta no Brasil pelo período de um ano e a prova de idoneidade moral.

Podem também pedir a nacionalidade brasileira os estrangeiros que residirem há mais de trinta anos no Brasil, sem interrupção, e que não tiverem sofrido alguma condenação pela justiça penal. Nesse caso ficam dispensadas outras exigências previstas na lei das naturalizações.

É importante saber que os portugueses que residam permanentemente no Brasil gozam aqui dos mesmos direitos reconhecidos aos brasileiros, desde que em Portugal os brasileiros gozem dos mesmos direitos dos portugueses. É a regra da reciprocidade. Mas, nesse caso, os portugueses residentes no Brasil não podem gozar dos direitos que pela Constituição brasileira são exclusivos dos brasileiros natos.

Em qualquer caso, o pedido de naturalização no Brasil é considerado como renúncia a outra nacionalidade. Em sentido contrário, perde a nacionalidade brasileira aquele que, por sua iniciativa, pedir outra nacionalidade. Não sofre essa perda o brasileiro que tiver o direito a outra nacionalidade, independente de sua vontade. O cidadão originário e o adotivo, isto é, o brasileiro nato e o naturalizado, têm os mesmos direitos. As únicas exceções a essa regra são as que a Constituição estabelece expressamente, quando diz que a ocupação de certos cargos públicos e o exercício de determinadas atividades são exclusivas de brasileiros natos.

Quanto ao exercício de cargos públicos, é reservado ao brasileiro nato o direito de ocupar os seguintes cargos: presidente e vice-presidente da República; presidente da Câmara de Deputados e do Senado; ministro do Supremo Tribunal Federal; conselheiro da República, integrante da carreira diplomática e oficial das Forças Armadas. Assim, portanto, o brasileiro naturalizado poderá ser prefeito ou governador de Estado, bem como membro de qualquer Legislativo, federal, estadual ou municipal, só não podendo ocupar os cargos públicos acima enumerados.

Em relação às demais atividades, não há qualquer uma que seja exclusiva de brasileiro nato, havendo, entretanto, diversas que são vedadas a estrangeiros, como o exercício de cargo, emprego ou função na Administração Pública.

Assim, também, a busca e a exploração de minérios e o aproveitamento das águas para produzir energia são atividades permitidas apenas a brasileiros, natos ou naturalizados. E só estes podem ser armadores, proprietários ou comandantes de embarcações brasileiras, as quais, além disso, devem ter pelo menos dois terços de sua tripulação constituídos por brasileiros natos ou naturalizados.

Uma situação especial é a dos proprietários de empresa jornalística, de rádio ou de televisão, que não podem ser estrangeiros e se forem brasileiros naturalizados deverão ter recebido a cidadania brasileira há pelo menos dez anos.

Além dessas restrições a estrangeiros, para o exercício de atividades públicas ou privadas, é preciso ser cidadão brasileiro para se alistar como eleitor. Do mesmo modo, somente cidadãos brasileiros podem propor ação popular, que é medida judicial para obter a anulação de atos que prejudiquem o patrimônio público ou daqueles que sejam contrários à moralidade administrativa, ao meio ambiente ou ao patrimônio histórico e cultural dos brasileiros.

## Cidadão simples e cidadão ativo

Outra distinção importante quanto à cidadania é a que se faz entre o cidadão simples e o cidadão ativo. Essa diferenciação é feita com base na possibilidade de exercer direitos políticos. Cidadão simples é aquele que tem a cidadania mas que não preenche os requisitos legais para exercer os direitos políticos. Assim, portanto, cidadão ativo é aquele que pode exercer os direitos políticos.

No sistema legal brasileiro, uma condição básica para adquirir a cidadania ativa é ter a idade de 16 anos. Uma vez atingida essa idade o brasileiro alfabetizado pode alistar-se como eleitor, sendo obrigatório o alistamento para os que completarem 18 anos. Os brasileiros com mais de setenta anos de idade podem alistar-se como eleitores, mas o alistamento nesse caso não é obrigatório, ficando cada um com a faculdade de decidir se quer ou não ser eleitor.

Os analfabetos conquistaram o direito de votar com a Constituição de 1988, mas também para eles o alistamento é facultativo, não obrigatório. Desse modo foi eliminada uma grave injustiça, que era a marginalização política do analfabeto, como se ele não fosse pessoa e não sofresse os efeitos das decisões políticas. A restrição ao voto do analfabeto não se justifica.

O cidadão ativo pode também ser candidato a cargos eletivos, mas para alguns desses cargos, assim como para outros da administração superior do País, não basta ser eleitor, pois existe a exigência de idade mínima.

Assim, no âmbito do Poder Legislativo é preciso ter a idade mínima de 35 anos para ser senador, exigindo-se essa mesma idade para ser membro do Tribunal de Contas, que é um órgão administrativo auxiliar do Legislativo. Para ser deputado federal ou estadual a idade mínima é 21 anos, bastando ter 18 anos para ser vereador. Quanto aos cargos do Poder Executivo, exige-se a idade de 35 anos para que alguém possa candidatar-se a presidente ou vice presidente da República, ou para ser nomeado procurador geral da República ou advogado geral da União. Para ser governador ou vice-governador de estado ou do Distrito Federal é preciso ter pelo menos 30 anos, sendo exigida a idade mínima de 21 anos para ser ministro de Estado, prefeito ou vice-prefeito.

Também para alguns cargos do Poder Judiciário, é exigida a idade mínima de 35 anos, aplicando-se essa exigência aos membros do Supremo Tribunal Federal, do Superior Tribunal de Justiça, do Tribunal Superior do Trabalho e do Superior Tribunal Militar, todos tribunais federais superiores. A mesma idade mínima é exigida para ser membro dos Tribunais Regionais Federais, que são tribunais de recursos de nível intermediário.

Os direitos políticos podem ser retirados definitivamente do cidadão ou podem ser suspensos temporariamente. A perda ou suspensão da cidadania ativa pode ocorrer sem a perda da cidadania simples, ou seja, é possível que alguém sofra a perda ou suspensão dos direitos políticos sem deixar de ser cidadão brasileiro.

No caso de um brasileiro naturalizado perder a cidadania brasileira por decisão judicial que cancele a naturalização, ocorrerá também a perda automática dos direitos políticos. Esse é um caso em que esses direitos e a cidadania são perdidos definitivamente.

Na hipótese de alguém perder toda a sua capacidade civil, não podendo mais exercer seus direitos, como ocorre, por exemplo, com o doente mental, os direitos políticos ficam suspensos enquanto durar a incapacidade. A pessoa continua com a cidadania e os direitos políticos poderão ser novamente exercidos se a capacidade civil for recuperada.

Ocorre, também, a suspensão dos direitos políticos, sem a perda da cidadania, no caso de condenação criminal definitiva, enquanto durarem os efeitos da pena. Assim, para exemplificar, se um brasileiro for condenado a cinco anos de prisão continuará com a cidadania, mas seus direitos políticos ficarão suspensos por cinco anos. Mesmo que, depois de algum tempo, ele consiga o livramento condicional, para cumprir em liberdade o restante do tempo, seus direitos políticos continuarão suspensos até que se completem os cinco anos.

Outro caso de suspensão dos direitos políticos é o que se verifica quando um brasileiro se recusa a cumprir o serviço militar ou a prestar algum serviço que a lei preveja como substituição. Nesse caso não se dá a perda da cidadania e os direitos políticos ficarão suspensos pelo tempo que for previsto numa lei ordinária. Tal suspensão tem caráter punitivo e precisamente por esse motivo não cabe aí a perda definitiva dos direitos, pois isto significaria uma pena perpétua, que a Constituição proíbe.

Finalmente, pode ocorrer a suspensão parcial e temporária dos direitos políticos, sem perda de cidadania, se alguém for condenado judicialmente, em caráter definitivo, pela prática de corrupção administrativa. Neste caso, como em vários outros, uma lei própria é que estabelece em que hipóteses um brasileiro ficará impedido de ser eleito e por quanto tempo poderá ser imposto esse impedimento. Essa lei é conhecida como "lei das inelegibilidades".

Como se verifica, há casos em que a perda dos direitos políticos, ou seja, a perda da cidadania ativa, acompanha a perda da própria cidadania brasileira. E existem casos em que só ocorre a suspensão da cidadania ativa, isto é, dos direitos políticos, sem que a pessoa atingida perca a cidadania brasileira.

Em resumo, os cidadãos brasileiros podem ser originários (naturais) ou adotivos (naturalizados), podendo ser simplesmente cidadãos, quando não gozam de direitos políticos, ou cidadãos ativos, quando possuem esses direitos. O fato de ser cidadão acarreta obrigações para o indivíduo, mas, por outro lado, dá a ele o direito de exigir que o Estado brasileiro lhe dê proteção e assistência em qualquer parte do mundo. Um exemplo das obrigações do Estado para com seus cidadãos é o que se refere ao passaporte. O Estado é obrigado a fornecer passaporte, como documento internacionalmente válido para identificação do indivíduo, sendo absolutamente irregular a recusa por motivo político.

# DIREITOS DA PESSOA HUMANA

Os direitos fundamentais da pessoa humana são reconhecidos e protegidos em todos os Estados, embora existam algumas variações quanto à enumeração desses direitos e à extensão de cada um deles, bem como quanto à forma de protegê-los. Esses direitos não dependem da nacionalidade ou cidadania, sendo assegurados a qualquer pessoa. Entretanto, podem existir certos meios de proteção que as leis de um Estado criam especialmente para os seus cidadãos.

As Constituições geralmente se referem a esses direitos como "direitos individuais", o que não significa que eles possam ser exercidos pelo indivíduo sem responsabilidade social. Na Constituição brasileira existe um capítulo especial sobre os direitos individuais, dispondo-se que eles são assegurados aos brasileiros e aos estrangeiros residentes no Brasil. Como se trata de direitos fundamentais da pessoa humana, a interpretação dos dispositivos da Constituição, em caso de dúvida, deve ser feita sempre do modo que for mais favorável à proteção das pessoas. Assim, por exemplo, um estrangeiro que esteja apenas de passagem pelo território, sem a intenção de aí residir, também tem direito à mesma proteção.

Quanto ao conteúdo dos direitos, a Constituição brasileira faz primeiro uma classificação geral, dizendo que os direitos fundamentais visam proteger a vida, a liberdade, a igualdade, a segurança e a propriedade. Em seguida são estabelecidas regras mais precisas sobre cada uma dessas espécies de direitos. Além disso, em outros capítulos da Constituição há referências a outros direitos que são também fundamentais e que completam as disposições do capítulo dos direitos individuais e coletivos.

## Direito à vida

Relativamente ao direito à vida, existe um artigo da Constituição afirmando expressamente que ela é um direito inviolável, que ninguém tem o direito de tirar de outra pessoa. Além disso, o reconhecimento e a proteção do direito à vida estão expressos no conjunto dos direitos e garantias. Basta assinalar que a própria Constituição prevê o julgamento pelo júri dos crimes dolosos contra a vida, estando aí contida a afirmação de que os atentados contra a vida humana são considerados crimes. Há também expressa proibição da pena de morte, com a ressalva de que ela poderá ser estabelecida por lei apenas para punir crimes praticados durante guerra externa formalmente declarada. Assim, portanto, nem mesmo os criminosos mais violentos e cruéis perdem o direito à vida.

Mas ainda que não houvesse na Constituição aqueles dispositivos, o direito à vida estaria implícito, pois sem ele nem o Estado nem a sociedade humana sobreviveriam.

## Direito à liberdade

Quanto à *liberdade*, são vários os direitos enumerados na Constituição. É assegurada a *liberdade de consciência*, não sendo permitida a restrição de qualquer direito por motivo de crença religiosa ou de convicção política ou filosófica da pessoa. Assim sendo, ninguém poderá ser punido ou sofrer qualquer restrição em seus direitos por se declarar, por exemplo, monarquista, comunista, existencialista ou muçulmano. Se alguém praticar atos ilegais ou deixar de cumprir uma obrigação por motivo de alguma dessas crenças, aí então poderá sofrer uma punição, o que é bem diferente de querer punir alguém pelo simples fato de admitir que tem essa crença.

A liberdade religiosa é garantida também aos presos, que terão o direito de receber assistência religiosa se fizerem solicitação em tal sentido. Esse é um direito assegurado pela Constituição e que as direções dos presídios não podem negar.

A liberdade de pensar é completada com o *direito de manifestar livremente* o *pensamento*. Qualquer pessoa pode falar ou escrever o que pensa, podendo mesmo expor e defender qualquer ideia política ou filosófica. A mesma liberdade é assegurada para qualquer forma de manifestação do pensamento, inclusive através da arte. O que a Constituição não permite é que se faça propaganda de guerra, de subversão ou de preconceito de religião, de raça ou de classe.

As publicações, inclusive livros, jornais e revistas, não poderão ser censurados pelas autoridades, pois de acordo com a Constituição só será admitida a classificação de diversões e espetáculos públicos, podendo o poder público dizer para que idades eles não se recomendam e para que lugares e horários eles são mais adequados ou menos inconvenientes. Não é também reconhecido o direito de publicar coisas imorais ou contrárias aos bons costumes. Não existe um padrão objetivo para se saber previamente o que é imoral ou contra os bons costumes, mas como se trata de restrição a um direito fundamental, o julgamento não deve ser excessivamente rigoroso.

No caso de alguém publicar matéria proibida, aquele que cometeu o abuso será responsável, na forma prevista em lei, podendo ser sujeito à apreensão da publicação, à multa e, em certos casos, até mesmo à pena de prisão. A autoridade administrativa pode iniciar o procedimento restritivo, mas a última palavra será do Poder Judiciário.

A *liberdade de locomoção*, ou seja, a liberdade de ir ou vir de um lugar para outro, bem como a liberdade de permanecer em qualquer lugar, é reconhecida como um direito fundamental. Em casos muito especiais, expressamente previstos em lei, pode a autoridade pública impedir que alguém saia do país, como acontece no caso de alguém que esteja respondendo a um processo criminal e que se suspeite que esteja pretendendo fugir à responsabilidade.

Há também situações especiais, previstas em lei, em que pode ser impedida a entrada de um estrangeiro no país, nunca a de um nacional ou cidadão do próprio país. Mas, como regra, a liberdade de locomoção é a mais ampla possível.

A prisão de uma pessoa é ato muito grave, que afeta a liberdade de locomoção e torna difícil ou mesmo impossível a defesa dos demais direitos. Por esse motivo, a Constituição estabelece que a prisão de uma pessoa só é regular se essa pessoa for presa no momento em que estava cometendo um crime ou se houver uma ordem de prisão escrita, assinada por um juiz.

O agente público que efetuar a prisão está obrigado a se identificar, devendo ainda comunicar ao juiz e à família do preso, ou à pessoa que este indicar, em que lugar a pessoa presa ficará recolhida. Além disso, o preso deve ser informado dos seus direitos e deve poder receber assistência de sua família e de um advogado.

A prisão ou detenção de qualquer pessoa, seja qual for o motivo e seja qual for a autoridade (civil ou militar) que efetue a prisão ou detenção, deverá ser imediatamente comunicada ao juiz que for competente para tomar conhecimento do assunto. Esse juiz é que deve decidir se a pessoa permanecerá presa ou detida.

Como fica evidente, a prisão preventiva ou prisão para averiguações, sem que a pessoa esteja cometendo crime e sem que exista uma ordem escrita, dada por autoridade competente, é uma ilegalidade. Se houver suspeita de que alguém cometeu crime, a autoridade policial está obrigada a fazer uma comunicação imediata ao juiz, pedindo autorização para a prisão preventiva, se for o caso. Aquele que manda prender ou que prende uma pessoa, sem que esta tenha sido surpreendida praticando um crime e sem que exista a ordem escrita aqui referida, responde pelo seu ato, podendo sofrer punições que podem ir até à perda do cargo e à prisão.

No sistema legal brasileiro não se admite que alguém seja preso pelo fato de não pagar uma dívida. A única exceção é o caso de alguém que esteja obrigado a pagar uma pensão alimentícia e que deixa de fazer o pagamento. Nesta hipótese, pode ser decretada a prisão do devedor, continuando este obrigado a fazer o pagamento. Outro caso de possibilidade de prisão, sem ter cometido crime, é o do depositário infiel, ou seja, de alguém que recebeu alguma coisa em depósito e se nega a fazer sua devolução. Fora desses casos, só cabe a pena de prisão para uma pessoa que tenha cometido crime.

A Constituição brasileira não admite prisão perpétua nem a pena de banimento. Assim, portanto, a lei não pode estabelecer a pena de prisão perpétua para qualquer crime. E em nenhuma hipótese um brasileiro poderá ser obrigado a viver fora do Brasil.

A *liberdade de trabalho, ofício ou profissão* é incluída entre os direitos fundamentais dos indivíduos. Afirmando esse direito, a Constituição acrescenta que devem ser observadas as condições de capacidade que a lei estabelecer. Isso quer dizer que, respeitando as regras constitucionais, a lei pode estabelecer determinadas exigências para que alguém exerça uma profissão. Essas exigências visam permitir a verificação do preparo do indivíduo para o exercício da profissão, a fim de que não haja prejuízo para quem procure os serviços do profissional. Entretanto, nenhuma lei pode fazer discriminações ou exigências que contrariem a Constituição.

Ainda em relação à liberdade de trabalho, é importante lembrar que não se pode ficar apenas na declaração de que existe essa liberdade. As garantias de emprego, de condições humanas e dignas para o trabalho, de remuneração justa, de apoio ao trabalhador incapacitado, são complementos necessários, sem os quais a liberdade não existe na prática. Por esse motivo, ao tratar da ordem econômica e social, a Constituição faz a enumeração dos direitos básicos assegurados aos trabalhadores.

Entre os direitos dos trabalhadores merecem especial atenção o direito a um salário mínimo capaz de satisfazer as necessidades normais do trabalhador "e de sua família". Nesse caso, a própria legislação brasileira que trata do assunto está errada, prejudicando o trabalhador, pois na fixação dos critérios para o cálculo do salário mínimo são levadas em conta apenas as necessidades pessoais do trabalhador, contrariando a Constituição, que manda levar em consideração também as necessidades das famílias dos trabalhadores.

Outro ponto importante é o que se refere ao direito de greve, expressamente reconhecido. A Constituição garante o direito de greve a todos os trabalhadores das empresas privadas e aos servidores públicos, estabelecendo, como única exceção, que os militares não podem ter sindicato nem fazer greve.

Para evitar graves prejuízos à população, a Constituição diz que uma lei deverá definir os serviços e as atividades que serão considerados essenciais. A mesma lei deverá estabelecer os critérios para que, em caso de greve, não seja interrompido o atendimento das necessidades inadiáveis da população, como o abastecimento de água, o fornecimento de energia elétrica, o serviço hospitalar de urgência etc.

Relativamente às atividades essenciais, é importante assinalar que sua fixação não pode ser arbitrária, mas deve refletir a realidade, sendo inconstitucional a definição de uma atividade como essencial se na prática isso não for verdadeiro. A par disso, é preciso ter em conta que a Constituição afirma de modo claro que a greve é um direito. Assim sendo, será inconstitucional a lei que estabelecer tantas exigências e dificuldades que praticamente impeçam o uso desse direito, bem como a lei que pretender transformar o direito de greve em crime de greve.

Em relação à ordem econômica, a Constituição estabelece a *liberdade de iniciativa*. Entretanto, além de estar prevista a punição do abuso do poder econômico, são previstas várias hipóteses em que o poder público pode interferir, regulamentando o uso dos bens econômicos, fixando limitações e até substituindo o particular e reservando para o Estado o monopólio de certa indústria ou atividade.

Também está prevista na Constituição a integração do trabalhador na vida e no desenvolvimento da empresa, com participação nos lucros e, em casos especiais, na própria direção da empresa. Esses direitos não estão assegurados por leis que tornem obrigatória a aplicação daquilo que a Constituição prevê. E como o dispositivo constitucional não estabelece, desde logo, medidas práticas que garantam sua aplicação, aquela previsão constitucional dificilmente será concretizada sem uma legislação complementar.

Ainda quanto à liberdade, são assegurados os *direitos de reunião* e *associação*. Desde que seja para finalidade que a lei não proíbe, todos têm o direito de fazer reuniões, devendo-se observar também que não se permite a reunião de pessoas armadas. A autoridade pública não pode proibir a reunião, podendo intervir apenas para manter a ordem, quando essa intervenção for realmente necessária.

Estará agindo ilegalmente a autoridade pública que proibir uma reunião pacífica, feita para objetivos legalmente permitidos, bem como a autoridade que interferir sem que haja necessidade ou que criar embaraços para a realização de uma reunião.

A criação de uma associação, para fins que não contrariem a lei, é também um direito fundamental. Existem associações, como as de finalidade comercial, que devem cumprir certas formalidades legais para sua criação e seu funcionamento.

As chamadas "associações civis" não precisam, em princípio, cumprir qualquer formalidade. Entretanto, para serem reconhecidas como pessoas jurídicas e exercerem direitos, devem registrar seus estatutos, bem como as atas de fundação e de eleição de seus dirigentes, num cartório de registro de pessoas jurídicas. Não há exigência de um número mínimo de pessoas nem de certa organização. Para a existência da associação não é indispensável o registro de seus documentos, sendo conveniente essa providência quando se quer dar representatividade à associação ou quando seu funcionamento exigir a assinatura de contratos ou de outros documentos jurídicos.

Uma vez constituída sem contrariar disposições legais, a associação só poderá ser dissolvida por decisão dos sócios, na forma prevista nos estatutos, ou por decisão judicial. Assim, por exemplo, as associações de trabalhadores ou de estudantes que tenham por objetivo a defesa dos interesses de seus associados não poderão ser extintas por ato de uma autoridade administrativa.

Nos casos especiais em que a lei prevê a existência de determinada entidade representativa, para certos objetivos legais, só essa entidade poderá atuar como representante para aqueles objetivos, mas outras associações poderão existir para a defesa e promoção dos mesmos interesses, não podendo, porém, praticar os atos legalmente reservados ao representante oficial.

## Direito à igualdade

O direito à igualdade aparece de maneira muito limitada na Constituição brasileira, não chegando a ser assegurada nem mesmo a igualdade de acesso aos serviços públicos essenciais. Na prática, as condições econômicas e sociais da pessoa é que definem a que bens e serviços cada uma terá direito. A própria educação é mencionada na Constituição como um direito de todos, fazendo supor a garantia de igualdade de acesso a esse direito. Entretanto, por causa da diversidade de situação social e econômica, muitas crianças nem conseguem chegar à escola, enquanto outras crianças e muitos adolescente só podem frequentar escolas de qualidade inferior. O mesmo se passa em relação aos serviços de saúde, à alimentação e à moradia, que são direitos iguais de todos, mas desigualmente assegurados.

A garantia do direito de herança, sem qualquer limitação e desacompanhada de obrigações sociais, legaliza a desigualdade de direitos e a desigualdade social. Há crianças que nascem muito ricas, com muitos direitos, tendo garantida a possibilidade de desenvolvimento material, intelectual e espiritual, enquanto outras nascem muito pobres, praticamente sem direitos, pois nem mesmo o direito à vida é plenamente assegurado aos mais pobres. E a liberdade econômica, formalmente igual para todos, só tem sentido prático para quem tem patrimônio ou boa renda, influindo, muitas vezes, para manter e aumentar a desigualdade real de direitos.

A igualdade mais proclamada e aparentemente mais assegurada é a igualdade de todos perante a lei. Em princípio, as obrigações legais são dirigidas a todos, sem qualquer diferenciação, além do que a lei deve ser aplicada de maneira igual para todos. Pelo princípio da igualdade jurídica, acolhido pela Constituição brasileira, será inconstitucional uma lei que conceda privilégios em relação a direitos e obrigações. Mas por força de vários fatores, como a condição social e econômica, os preconceitos, as preferências e até os interesses dos aplicadores da lei, não existe igualdade na aplicação das leis.

São também expressões do direito à igualdade a garantia de direitos iguais para homens e mulheres e a proibição de discriminações que ofendam os direitos e a liberdade das pessoas. Todas essas afirmações de igualdade constantes da Constituição e das leis não são suficientes para garantir a todos, pelo menos, a igual possibilidade de gozar dos direitos fundamentais. É indispensável que a legislação seja aperfeiçoada, para que a ordem econômica e social não impeça a existência de uma ordem jurídica humanista e justa, na qual ninguém seja excluído do acesso aos direitos essenciais da pessoa humana.

### Direito à segurança

Os direitos relativos à *segurança* coincidem, muitas vezes, com os que se referem à liberdade. Mas para maior precisão é possível, em certos casos, destacar um direito que pode ser imediatamente relacionado com a segurança dos indivíduos.

Num sentido amplo, pode-se dizer que a Constituição prevê a lei como o principal instrumento de segurança dos indivíduos. Por esse motivo, são estabelecidas, no capítulo destinado aos direitos individuais, certas regras fundamentais que a própria lei comum deve obedecer. Como fica evidente, isso pressupõe o reconhecimento da Constituição como lei superior, que nem a lei nem as autoridades podem contrariar.

Outro fator de segurança para os indivíduos é a regra constitucional dispondo que *ninguém poderá ser obrigado* a *fazer ou deixar de fazer alguma coisa* a *não ser que uma lei assim* o *estabeleça*. A palavra "lei", nesse caso, tem o sentido técnico preciso de "lei aprovada pelo Poder Legislativo" (a única exceção é a medida provisória, antidemocrática, prevista na Constituição brasileira, que obriga seu cumprimento como lei mesmo sem aprovação do Legislativo).

Essa regra é conhecida como "princípio da legalidade". Nenhuma exigência ou proibição pode ser imposta sem base numa lei. Os decretos e outros atos de autoridade que não tiverem apoio em lei não precisam ser obedecidos. Não basta uma autoridade pública considerar que determinada medida é necessária ou conveniente. Para adotá-la de modo regular é indispensável a existência de uma base legal. Esse princípio foi estabelecido justamente para colocar a vontade da lei acima da vontade dos governantes, contribuindo bastante para reduzir as arbitrariedades.

Outra regra estabelecida visando a segurança é a que determina *nenhuma lei poderá prejudicar* um *direito adquirido*, um *ato jurídico perfeito* ou a *coisa julgada*. O direito adquirido é aquele que já faz parte do patrimônio de uma pessoa, aquele que a pessoa já obteve e que não depende mais de discussão ou da prática de qualquer ato para ser reconhecido. O único meio legal de se anular, reduzir ou modificar um direito adquirido é a mudança da própria Constituição. Não se pode também alegar um direito adquirido para impedir uma transformação da ordem pública, porque nesse caso o interesse de todo o conjunto da sociedade, que inclui também o de cada indivíduo, é que prevalece.

O ato jurídico perfeito é aquele ato que já produz efeitos jurídicos, ou seja, que afeta o direito de alguém, e que não depende de qualquer outro ato ou providência para se tornar completo. Há certos casos em que um ato só se torna perfeito depois de várias providências, como, por exemplo, a compra de um imóvel. Para que o ato seja perfeito não basta ir a um tabelião e assinar a escritura, sendo indispensável que depois disso essa escritura seja registrada no cartório do registro de imóveis. Só então a compra do imóvel, que é um ato jurídico, se torna perfeita. Uma lei nova não poderá alterar essa compra, exatamente porque o ato jurídico já é perfeito.

A coisa julgada é o conteúdo de uma decisão judicial definitiva. Quando há dúvida a respeito de um direito é possível pedir ao Poder Judiciário que decida a questão. Normalmente, a lei permite que a pessoa que for diretamente interessada e não se conformar com a decisão entre com recurso, solicitando que a questão seja examinada novamente por um tribunal. Impõe-se a necessidade de respeitar um prazo e de cumprir algumas formalidades previstas em lei para que o recurso seja apreciado. Quando não existe mais a possibilidade de recurso, a última decisão que tiver sido dada se torna definitiva. A matéria dessa decisão é que se chama "coisa julgada", que não pode ser alterada nem por uma lei.

Como se vê, o direito adquirido, o ato jurídico perfeito e a coisa julgada tornam definitiva certa situação jurídica, assegurando a permanência de um ou de mais de um direito. Assim é que contribuem para dar segurança aos indivíduos.

O *direito de recorrer* ao *Poder Judiciário*, pedindo a um juiz ou tribunal que proteja um interesse legítimo, é uma conquista importante do homem moderno. Partindo-se da ideia de que os juízes não são políticos militantes e se preocupam, antes de tudo, com a justiça, considera-se que onde houver juízes independentes, que não sejam impedidos de decidir de acordo com sua consciência, as leis serão respeitadas e ninguém poderá usar a força econômica, militar ou política para cometer injustiças e ficar sem punição.

A ideia de segurança dada pelo Poder Judiciário é muito conveniente para proteger a dignidade humana, pois o ideal é que os conflitos sociais sejam solucionados de modo pacífico e com justiça. Mas existem várias dificuldades que ainda precisam ser vencidas. É necessário que os juízes sejam muito bem preparados para que queiram ser justos e para que suas decisões não sofram a influência dos interesses, preconceitos e preferências dos próprios juízes ou da classe social a que pertencerem. É indispensável também que os juízes sejam bem remunerados e não dependam da vontade dos governantes para se manterem no cargo ou para progredirem. Se não tiverem para si próprios a garantia de uma vida digna, os juízes não poderão dar essa garantia aos que pedirem sua proteção.

A par disso, é preciso reconhecer que em quase todas as partes do mundo as pessoas mais pobres não conseguem obter a proteção do Poder Judiciário. Os processos judiciais são complicados e por isso é necessária a ajuda de um advogado. Entretanto, muitos não podem pagar os serviços do advogado e não contam com o apoio da administração pública e de organizações sociais para obterem gratuitamente a ajuda de um profissional. As custas judiciais são geralmente muito elevadas e as decisões são muito demoradas, tudo isso tornando difícil ou mesmo impossível a obtenção da proteção judicial.

Por todos esses motivos, muitas pessoas ainda não podem usar do direito de recorrer ao Poder Judiciário para obter segurança. Apesar de haver, na prática, essa limitação, não há dúvida de que se trata de um direito muito importante, que dificulta a ação arbitrária dos governantes e dos mais fortes e, por isso, deve ser efetivamente estendido a todos.

Para garantir a segurança das pessoas, a Constituição estabelece que é *inviolável o sigilo da correspondência e das comunicações telegráficas e telefônicas.* Isso quer dizer que nenhuma autoridade pode abrir a correspondência de uma pessoa para examinar o seu conteúdo. Não é permitido, também, interceptar telegramas, não podendo a agência telegráfica dar conhecimento dos dizeres de um telegrama a não ser ao destinatário. Os telefones não podem ser censurados por ninguém, sob nenhum pretexto. É proibida a colocação de qualquer extensão ou de aparelho de escuta que permitam a uma terceira pessoa ouvir, sem ser percebida, a conversa de duas outras.

Essa proibição de quebra do segredo da correspondência e de interferência nas comunicações telegráficas e telefônicas visa proteger, além da segurança, a intimidade das pessoas. A invasão da vida íntima de uma pessoa é imoral e sempre dá elementos para uma ação criminosa, sendo comuns os casos de ameaças e de extorsões com o uso de dados confidenciais obtidos

*A inviolabilidade da correspondência.*

por essas vias irregulares. Por isso, a Constituição não deixa dúvidas e não abre exceções: é direito das pessoas manter em segredo o conteúdo de sua correspondência e de suas comunicações por telegrama e por telefone. Nem a lei pode dar a qualquer autoridade o poder de invadir a intimidade dessas comunicações.

Apesar da clareza do dispositivo constitucional, esse direito das pessoas não tem sido respeitado no Brasil. São muito conhecidos os casos de violação de correspondência e de censura telefônica sob pretexto de proteger a segurança nacional. Já foram registrados em livros, com indicação de pormenores, muitos casos de censura telefônica, sendo frequentes também as denúncias dessa ilegalidade, feitas através da imprensa. Há um número elevado de casos de censura telefônica que se tornaram públicos e notórios. Ainda não ocorreu a punição de alguém por esse motivo, mas existe base legal para tal punição. A Constituição confere o direito ao sigilo sem abrir exceção, sendo irregular qualquer violação, mesmo que o pretexto seja a segurança nacional.

É comum também, no Brasil, a censura da correspondência dos presos. Isso é contrário à Constituição, pois, como já foi ressaltado, a regra constitucional afirmando o direito ao sigilo é absoluta, beneficiando todas as pessoas e não admitindo uma única exceção. Nem a lei nem as sentenças judicias ou decisões administrativas podem tirar do preso esse direito. Assim sendo, quem ordenar ou cometer a violação do sigilo está abusando de sua autoridade, podendo ser responsabilizado por isso.

A *casa é o asilo inviolável do indivíduo*. Essa regra constitucional, concedendo a todas as pessoas o direito de não terem sua casa invadida, também visa proteger a segurança e a intimidade das pessoas. Como regra, ninguém pode entrar numa casa sem autorização do morador. Essa proibição de invadir uma casa se aplica também às autoridades policiais.

Só se pode entrar na casa de uma pessoa sem que esta dê autorização em três hipóteses: quando existe sinal evidente de que está sendo cometido um crime dentro da casa e é preciso entrar para impedir o crime; quando acontece um desastre e dentro da casa existem pessoas precisando de socorro; ou quando um juiz dá uma ordem, por escrito, para que um agente do poder público penetre na casa para uma providência determinada.

Nenhuma autoridade civil ou militar tem poderes para mandar invadir a casa de uma pessoa. A entrada na casa contra a vontade do morador só será regular se houver uma ordem judicial escrita e, mesmo nesse caso, é proibido entrar durante a noite. O mandado judicial para entrar à força numa casa só pode ser usado durante o dia e só dá à autoridade que o utiliza o direito de praticar os atos expressamente mencionados no próprio mandado.

Fora desses casos, o morador pode impedir a entrada de qualquer pessoa, seja qual for o pretexto de quem queira entrar. E aquele que forçar a entrada, dando ou executando ordem irregular ou agindo por iniciativa própria, comete crime e deverá responder por ele.

Outra regra constitucional que protege a segurança das pessoas é a que estabelece limitações quanto à pena a ser imposta nos casos de crime. *Nenhuma pena pode ir além da pessoa do delinquente.* Seja qual for o crime, só quem teve efetiva participação nele é que pode sofrer uma punição. Quem for simplesmente amigo ou parente do autor de um crime não pode ser punido por isso, de nenhum modo.

Quanto ao autor do crime, a Constituição manda que a pena seja individualizada, o que significa que a pena deve levar em conta não só a gravidade do crime, mas também as características pessoais do criminoso. Essa determinação constitucional tem por base a ideia de que a pena não é um ato de vingança da sociedade, mas é um corretivo que se aplica visando dar segurança à sociedade, afastando dela os indivíduos que pela prática de crime se revelaram perigosos, bem como criar possibilidades para a recuperação social do delinquente.

O sistema penitenciário brasileiro não dá condições para essa individualização, pois os presídios, quase sem exceção, são meros depósitos de pessoas, não dando os meios necessários para a recuperação dos delinquentes. Isso contribui para aumentar a insegurança da sociedade, pois quem é recolhido a um presídio raramente escapa da vida de delinquente e quase sempre sai da prisão mais preparado para cometer novos crimes.

O preso é um ser humano, que pelas mais variadas razões cometeu um ato antissocial considerado grave e foi punido por isso. Mas qualquer que tenha sido o crime cometido ele continua sendo uma pessoa humana. Por este motivo, e considerando que todo ser humano deve receber um mínimo de respeito, porque mesmo quando adota um comportamento reprovável ele conserva um valor moral que é próprio da natureza humana, dispõe a Constituição que o preso deve ser respeitado.

Com efeito, nos termos da Constituição, *todas as autoridades são obrigadas a respeitar* a *integridade física* e *moral do detento* e *do presidiário*. Qualquer autoridade, civil ou militar, que tenha sob sua guarda uma pessoa presa é responsável pela vida, pela saúde e pela defesa da dignidade dessa pessoa. Essa responsabilidade cabe tanto ao carcereiro quanto aos guardas, ao diretor do presídio e a todas as autoridades que por lei devem manter vigilância sobre a situação dos presídios.

Não se admite que o preso seja castigado com crueldade nem que sofra ofensas morais, ficando sujeito à perda do cargo e a outras punições quem promover ou admitir essas práticas.

É comum no Brasil a prática de tortura contra presos. A tortura é imoral e constitui crime. A prática de tortura é hoje um tipo de crime, definido em Convenção internacional acolhida pela legislação brasileira. A Assembleia Geral da ONU aprovou, em 10 de dezembro de 1984, a Convenção contra a Tortura e Outros Tratamentos ou Penas Cruéis, Desumanos ou Degradantes. O Brasil aderiu a essa Convenção, que foi introduzida no direito positivo brasileiro, depois de cumpridas as formalidades legais, pelo decreto número 40, de 15 de fevereiro de 1991. Além de configurar um tipo de crime, sujeitando o autor a processo criminal, torturar um preso ou detido é abuso de autoridade somado a agressão e lesões corporais, podendo qualificar-se como homicídio quando a vítima da tortura vem a morrer. Como tem sido denunciado com grande frequência, policiais incompetentes, incapazes de realizar uma investigação séria, usam a tortura para obrigar o preso a confessar um crime. Além de ser um procedimento covarde, que ofende a dignidade humana, essa prática é legalmente condenada. A confissão obtida mediante tortura não tem valor legal e o torturador comete crime, ficando sujeito a severas punições.

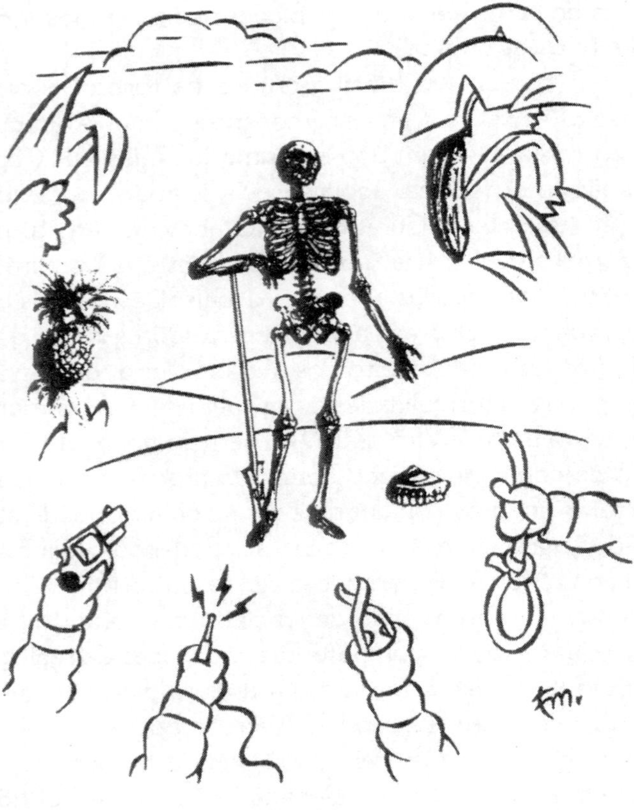

*A imoralidade da tortura*

Qualquer acusado tem o direito de *ampla defesa* e seja qual for a acusação tem o direito de ser julgado pelo juiz ou tribunal que normalmente a lei encarrega do assunto. Um princípio muito importante é que todas as pessoas devem ser consideradas inocentes, até que uma decisão judicial definitiva afirme o contrário. Muitas vezes, pelos mais variados motivos, uma pessoa é vítima de falsa acusação. Há casos em que aparentemente não há dúvida quanto à culpa da pessoa e que depois, através da defesa, se verifica que a pessoa é inocente. Por isso, é indispensável que o acusado tenha a mais ampla possibilidade de se defender.

Em certas situações, especialmente quando a pessoa é presa no momento em que está cometendo um crime ou então quando existem provas muito fortes contra uma pessoa e esta é perigosa ou poderá fugir à responsabilidade, a lei permite que o acusado fique preso antes do julgamento.

Nesses casos o acusado deve ter assegurado o direito de falar com seus advogados e seus familiares, devendo a prisão ser imediatamente comunicada ao juiz, a quem compete decidir se o réu continuará preso ou não.

Em nenhuma hipótese uma autoridade pode proibir um preso de falar com seu advogado. Mesmo nos casos muito especiais em que a lei permite que o preso fique incomunicável isso não atinge seu direito de falar com o advogado. Esse direito existe sempre, para qualquer preso e em qualquer presídio, civil ou militar.

Quando alguém for processado sob acusação de ter praticado um crime é *indispensável que* o *acusado seja ouvido*, para que não se tenha apenas a palavra do acusador. Se o acusado não se defender ou se não for encontrado, o juiz é obrigado a nomear um defensor, que deverá examinar os argumentos da acusação e os elementos de prova, chamando a atenção para tudo o que puder favorecer o acusado. Se, depois de praticado o crime e antes do julgamento, a lei for modificada, de modo que possa influir sobre o julgamento e a pena, será aplicada a lei que for mais favorável ao acusado. Assim, se a lei antiga definia o fato como crime e a lei nova não considerar mais como crime o mesmo fato, será aplicada a lei nova. Esse é o único caso em que se admite que a lei tenha efeito retroativo, isto é, que ela seja aplicada a um ato que já tenha sido praticado quando ela começou a vigorar.

Para os casos de crimes contra a vida, praticados intencionalmente, ou seja, quando uma pessoa mata outra porque quis matar, o julgamento deverá ser feito por um *júri*. Como esse crime é considerado o de maior gravidade e sujeito à pena mais rigorosa, muitos entendem que haverá mais segurança de justiça se o julgamento for feito por um grupo de pessoas que vivam no lugar em que foi cometido o crime e não por um só juiz. Por tal motivo é que a Constituição estabelece essa única hipótese em que o julgamento do acusado de um crime é feito por um grupo de jurados.

Uma situação um pouco semelhante, mas só aplicável a acusados de crimes militares ou contra a segurança nacional, é o do julgamento em auditorias militares, onde não se usam jurados, mas a decisão compete sempre a um grupo de julgadores, sendo um juiz civil e os demais militares. O julgamento de civis por essas auditorias foi estabelecido como exceção, há poucos anos, quando muitas ações políticas foram definidas no Brasil como "ações de guerra". Essa é uma situação excepcional que não deverá perdurar, pois é contrária aos mais elementares princípios jurídicos: o julgamento de civis por tribunais militares.

No caso do Tribunal do Júri, para integrar o corpo de jurados são escolhidas pessoas de reconhecida idoneidade moral, considerando-se essa participação como um serviço relevante prestado à sociedade. O membro do corpo de jurados tem direito até a prisão especial se for acusado da prática de um crime e se for preso preventivamente.

## Direito de refúgio e de asilo

Outra questão importante relacionada com a segurança jurídica das pessoas é a que se refere aos refugiados e ao direito de asilo. No caso de asilo, o direito interno oferece proteção a estrangeiros, com base em motivos humanitários e procurando impedir injustiças e violências.

Quando um país participa de uma guerra e sofre invasões, bombardeios e outras ameaças à vida e à segurança das pessoas, é comum que muitos procurem refúgio em outro país, onde passam a viver como refugiados.

Nos últimos anos surgiu uma situação nova, relacionada com as grandes dificuldades econômicas enfrentadas por quase todos os países, especialmente pelos mais pobres. Surgiu então o refugiado econômico, que sai de seu país, geralmente com a família, para procurar trabalho e condições de vida menos sacrificadas. Nesse caso, o país que recebe os refugiados não costuma facilitar a entrada e permanência desses estrangeiros, especialmente porque eles chegam para disputar os empregos e as moradias existentes.

O Brasil enfrentou esse problema nas décadas de 1970 e 1980, recebendo refugiados econômicos dos países vizinhos. A orientação adotada foi a concessão de permanência em território brasileiro, por tempo limitado, assegurando ao refugiado o mínimo necessário para sua sobrevivência enquanto, com o auxílio do Alto Comissariado das Nações Unidas para Refugiados, conseguia autorização para residir em outro país.

O direito de asilo se refere também a estrangeiros, mas em situação diferente, pois o asilado, geralmente chamado "asilado político", é alguém que se vê forçado a deixar seu país por estar sendo vítima de uma ditadura ou de uma situação de anormalidade política em que a vida, a segurança e outros direitos fundamentais da pessoa humana não são garantidos.

O Brasil já tem tradição como país acolhedor, que oferece asilo seguro aos perseguidos políticos. A não ser em raros momentos da história brasileira, essa tradição tem sido confirmada. Esse oferecimento de segurança está contido no preceito constitucional sobre a extradição, ou seja, a entrega de uma pessoa às autoridades de outro país. Segundo a Constituição, *não será concedida* a *extradição de estrangeiro por crime político ou de opinião*. Isso quer dizer que se um estrangeiro estiver no Brasil e outro país quiser que ele lhe seja entregue, o governo brasileiro nunca fará essa entrega se verificar que o outro país pretende puni-lo por ter praticado crime político ou simplesmente por pensar de certa forma.

Mesmo nos crimes chamados "comuns", a extradição depende da existência de tratado nesse sentido entre os dois países. Além disso, ainda que haja um tratado e que se alegue que foi praticado um crime comum, é preciso verificar, com o máximo cuidado, se não está ocorrendo, na realidade, uma perseguição política. Se isso ocorrer não será concedida a extradição.

Um ponto fundamental é que em *nenhuma hipótese será concedida* a *extradição de um brasileiro.* Se um cidadão brasileiro for acusado de qualquer crime em outro país e se estiver em território brasileiro, as autoridades brasileiras jamais poderão entregá-lo àquele outro país.

Nos últimos anos ocorreram vários casos de abuso da hospitalidade brasileira. Criminosos estrangeiros fugiam da polícia de seus países e entravam no Brasil como turistas. Depois, comprovando terem boa situação econômica, obtinham autorização para ficarem residindo no país e poucos anos depois pediam e obtinham a cidadania brasileira, por via da naturalização. E como brasileiros ficavam livres do risco da extradição.

Para impedir a confirmação dessa prática maliciosa, a Constituição brasileira de 1988 estabeleceu que poderá ser concedida a extradição de brasileiro naturalizado se este, antes de obter a naturalização, tiver cometido crime comum, não crime político, em país com o qual o Brasil mantenha um tratado de extradição.

A concessão de *apoio jurídico e assistência jurídica aos necessitados* é outro direito fundamental previsto na Constituição e que, se puder ser usado, contribuirá muito para a segurança. Como se vem aqui demonstrando, todas as pessoas têm direitos. Acontece, porém, que muitas pessoas não sabem quais são seus direitos e outras percebem claramente quando seus direitos são ofendidos, mas não se defendem por falta de recursos.

O apoio jurídico, incluindo assistência judiciária gratuita, seria o meio adequado para que as pessoas mais pobres acreditassem nos seus direitos e na possibilidade de defendê-los. Na prática, porém, o poder público ainda não criou um órgão eficiente para dar efetividade a esse direito. O que existe é pouco, em relação à grande quantidade de necessitados, e além disso recebe recursos insuficientes como se fosse uma ação caridosa do poder público e não o cumprimento de uma obrigação. Por isso, está muito longe de corresponder às necessidades, mas assim mesmo presta algum serviço, tendo já comprovado sua grande utilidade.

Quem não pode defender seus direitos está na mesma situação de quem não tem direitos. Por isso, a assistência judiciária aos necessitados será um fator de segurança para essas pessoas, pois não podendo usar de seus direitos, elas não terão como proteger sua vida, sua integridade física e moral e seu patrimônio.

## Direito de propriedade

O *direito de propriedade* é assegurado e protegido, mas está sujeito a certas condições e limitações. Já não se admite a propriedade como um direito absoluto do indivíduo, que possa ser usado com egoísmo, sem levar em conta as necessidades e os interesses dos demais indivíduos.

A Constituição estabelece que é assegurado o direito de propriedade, mas ao tratar da ordem econômica e social enumera alguns princípios que deverão ser respeitados. Entre esses princípios está a "função social da propriedade". Ao mesmo tempo se diz que a ordem econômica e social tem por finalidade realizar o desenvolvimento nacional e a justiça social. Assim, pois, para que o direito de propriedade seja protegido, é preciso que ele não contrarie a justiça social. É indispensável também que a propriedade seja usada de modo a ser útil à sociedade.

Se o poder público quiser usar uma propriedade particular para alguma finalidade que seja necessária ou útil para o povo, poderá desapropriar essa propriedade. Pela desapropriação, a propriedade passa para o poder público, mas este deverá primeiro pagar ao particular uma indenização justa, em dinheiro. Considera-se que existe necessidade pública quando algum trabalho precisa ser realizado para proteger a vida, a saúde ou a integridade física ou moral de uma parcela do povo. E existe utilidade pública quando alguma coisa será feita para melhorar a vida de um conjunto de pessoas, ainda que isso não seja absolutamente necessário.

É possível também a desapropriação para alguma finalidade de interesse social. Nesse caso, o poder público não precisa ter a intenção de realizar obras ou executar trabalhos, basta que deseje promover a redistribuição da propriedade de modo a atender melhor o interesse da coletividade. Nesse caso, como nos anteriores, o proprietário deverá receber antes uma indenização justa, em dinheiro.

É prevista ainda, como uma das espécies de desapropriação por interesse social, a desapropriação de área rural para fins de reforma agrária. Nesse caso, só o governo federal é que poderá fazer a desapropriação. O proprietário desapropriado também tem direito a uma indenização justa, mas a indenização será paga em títulos da dívida pública, tendo o governo até vinte anos de prazo para completar o pagamento. Mas as parcelas a pagar terão sempre seu valor corrigido. Ficam excluídas dessa espécie de desapropriação a pequena e média propriedade rural.

Além da propriedade de bens materiais é reconhecido também o direito de propriedade das invenções, bem como das marcas de indústria e comércio. No caso das invenções, a lei deve garantir ao inventor o privilégio de usar sua invenção por certo tempo.

Os autores de obras literárias, artísticas e científicas têm o direito de usar com exclusividade suas obras. Enquanto o autor for vivo conservará esse direito pelo tempo que quiser. Se o autor morrer sem ter transferido a outra pessoa o seu direito, este passa aos seus herdeiros, mas por tempo limitado, devendo a lei fixar o limite de tempo. Decorrido esse período de tempo ninguém mais fica sendo dono da obra, razão pela qual se diz que ela cai no domínio público.

Quando um trabalhador ocupar durante cinco anos uma área rural não superior a cinquenta hectares e tomar produtiva essa área graças ao seu trabalho, ficará proprietário do imóvel, se o proprietário da área ocupada não tiver feito objeção. Para ter esse direito, o trabalhador não poderá ser proprietário de qualquer imóvel, rural ou urbano.

É importante saber que existe uma diferença entre quem é apenas possuidor ou posseiro, isto é, aquele que tem o direito de usar sem ser dono, e o proprietário, aquele que é legalmente dono da terra. Quando a lei diz que alguém será reconhecido como possuidor legítimo, está fazendo referência apenas ao direito de posse, não de propriedade. A posse legítima é importante porque permite usar a terra sem o risco de ser expulso de um momento para outro.

Quem tiver a posse legítima de uma área só poderá ser obrigado a deixá-la por ordem judicial e neste caso terá direito de receber uma indenização pelas benfeitorias úteis e necessárias que tiver realizado.

Um aspecto particular de muita importância relacionado com a propriedade é o que se refere às riquezas minerais existentes no subsolo. Quem for proprietário do solo, ou seja, da superfície da terra, não é proprietário das riquezas minerais do subsolo. Qualquer pessoa poderá pedir autorização ao governo federal para explorar essas riquezas. O proprietário da terra, isto é, o proprietário do solo, terá direito a uma participação nos resultados da exploração das riquezas do subsolo, mas não poderá impedir essa exploração. Estas pertencem à União.

Outra particularidade importante que precisa ser ressaltada é que ninguém pode tornar-se dono de uma terra ocupada por índios. Todas as terras ocupadas por indígenas pertencem à União, mas os índios têm direito à posse permanente dessas terras e a usar e consumir com exclusividade todas as riquezas que existam nelas.

Quem tiver adquirido, a qualquer tempo, mediante compra, herança, doação ou algum outro título uma terra ocupada por índios, na realidade não adquiriu coisa alguma, pois essas terras pertencem à União e não podem ser negociadas. Os títulos antigos referentes a terras ocupadas por índios perderam todo o valor, dispondo a Constituição que os antigos titulares ou seus sucessores não terão direito a qualquer indenização.

## Outros direitos

A própria Constituição estabelece que os direitos fundamentais das pessoas não são apenas aqueles que ela enumera. Tudo o que estiver de acordo com o regime político do país e com os princípios adotados pela Constituição constituem direitos da pessoa humana.

Há também alguns direitos que não se acham referidos no capítulo dos direitos e garantias individuais, mas que são expressamente mencionados em outras partes. Entre esses estão os direitos dos trabalhadores, que são enumerados na Constituição e que, em parte, já estão previstos em inúmeras leis, mas em boa parte ainda não se concretizaram. São previstos direitos especiais para as pessoas deficientes, embora essa previsão seja feita de modo genérico e sem garantia de efetivação.

A educação é referida como um direito de todos e dever do Estado, estabelecendo-se que o ensino fundamental deverá ser assegurado para todos, mesmo aos que não tenham estudado na idade própria e será gratuito nas escolas públicas. Na realidade, o Estado vem cumprindo com muita deficiência esse dever, pois, mesmo nas grandes cidades, há grande número de crianças em idade escolar sem possibilidade de frequentar uma escola.

Existem regiões em que faltam escolas, em outras existem escolas sem que haja crianças em número suficiente para usar todas as vagas e, além disso, muitas escolas são dirigidas por pessoal burocrático despreparado e desinteressado. É comum que pessoas mais simples do povo não consigam matricular seus filhos nas

escolas por não poderem superar as dificuldades criadas pelos maus funcionários ou pela má organização.

Por outro lado, a afirmação de que o ensino fundamental é obrigatório não tem qualquer sentido prático, pois não há qualquer vigilância ou pesquisa para
saber quem vai ou não à escola. E muitos só não vão
porque não têm família ou são muito pobres e o próprio
Estado não lhes dá oportunidade.

Também a saúde é reconhecida como um direito de todos e um dever do Estado, prevendo-se que,
no Brasil, a União, os estados e os municípios deverão
manter serviços, que serão integrados, formando um
sistema único nacional. Além disso, embora permitida a existência de serviços privados, a Constituição
diz que os serviços e as ações de saúde são de rele-
vância pública, o que permite que tais atividades sejam submetidas à regulamentação e ao controle pelos
poderes públicos.

A par disso, a proteção da saúde é referida
na parte relativa aos direitos sociais, especialmente quanto aos trabalhadores. Entretanto, embora
se diga que existe o direito à higiene e segurança do
trabalho e à assistência sanitária, hospitalar e médica
preventiva, o conjunto dos dispositivos torna muito
precários esses direitos.

Assim, por exemplo, é prevista a limitação das
horas diárias de trabalho, bem como o descanso sema-
nal remunerado, mas a própria Constituição só proíbe

o trabalho em indústrias insalubres aos menores de 18 anos. Desse modo, é permitida a manutenção de indústrias que prejudicam seriamente a saúde do trabalhador, o que equivale dar ao dono da indústria o direito de pagar para prejudicar a saúde de seus empregados. A própria limitação de horas de trabalho é anulada pela possibilidade de superar esse limite desde que feito um pagamento extra. Na prática, em grande parte do Brasil, a jornada de trabalho é bem superior ao limite de oito horas, previsto na Constituição.

Por tudo isso, embora seja positivo o reconhecimento constitucional do direito à saúde, existe ainda a necessidade de profunda reorganização e melhoria do setor público para que todos tenham assegurado esse direito. O setor privado, sujeito a critérios econômicos, não atende a população mais pobre e vende seus serviços a preços geralmente muito altos, tendo, por isso, alcance muito limitado na garantia do direito à saúde.

# A PROTEÇÃO DOS DIREITOS

A simples declaração da existência dos direitos é insuficiente. Para que esses direitos tenham significação prática é preciso que as pessoas possam exercê-los. Em sentido mais amplo, é necessário que as condições políticas, econômicas e sociais garantam a todas as pessoas as mesmas possibilidades de ter e de usar os direitos. Para tanto, é preciso que a sociedade seja organizada de maneira justa e que a Constituição e as leis reflitam o ideal de justiça do povo e sejam respeitadas por todos.

### Interesse pelos direitos

A melhor garantia de que os direitos de todos serão respeitados é o interesse de cada um pelos seus próprios direitos. Quando muitos ficam indiferentes perante as injustiças e as ofensas ao direito, fica mais fácil para os arbitrários não respeitar o direito ou usá-lo com malícia para favorecer seus interesses.

É preciso que as pessoas percebam que a ofensa ao direito de qualquer pessoa que não for imediatamente punida ou corrigida enfraquece todo o conjunto de regras de direito. Isso porque se cria a impressão de que os que forem suficientemente fortes ou malandros para fugir à punição não precisam respeitar as regras. No final das contas, os próprios arbitrários acabam prejudicados, pois chegará um momento em que seus direitos também não serão respeitados e eles não poderão reagir e ninguém reagirá para ajudá-los, porque todos estarão acostumados a ver o direito desrespeitado.

Assim, portanto, não é necessário que uma pessoa sofra um prejuízo imediato, atingindo sua integridade física ou moral ou seu patrimônio, para que seu direito tenha sido ofendido. A imposição de leis injustas e as ações arbitrárias ferem os direitos de todos e de cada um. Para que isso não ocorra, ou pelo menos se reduza ao mínimo, é indispensável que todas as pessoas procurem conhecer seus direitos e exijam sempre que eles sejam respeitados.

## A Constituição e as leis

Nas sociedades modernas, os principais instrumentos de proteção dos indivíduos são a Constituição e as demais leis. A Constituição é a lei principal, a lei mais alta, que deve refletir o ideal de justiça do povo, deve estabelecer as regras para impedir os excessos do poder político, econômico ou militar e deve, afinal, enumerar os princípios e as regras que contêm os direitos e os deveres fundamentais de cada um.

O conjunto das leis estabelece de modo mais preciso e mais minucioso como serão aplicadas aos casos concretos as disposições constitucionais. Tudo o que consta da Constituição é obrigatório, não podendo ser exigido o cumprimento de qualquer lei, decreto ou determinação de autoridade que contrarie um dispositivo constitucional. Existem casos em que uma regra constitucional só pode ser aplicada se houver uma lei regulamentando a aplicação. Enquanto se aguarda que seja feita essa lei não pode ser exigido nada que contrarie a Constituição, mesmo com base numa lei que já existia quando a Constituição foi posta em vigor.

Ainda que existam leis injustas, é preferível buscar sempre na lei a solução para os conflitos e o remédio para corrigir as ofensas aos direitos. Uma lei injusta pode ser melhorada e, apesar de injusta, sempre contém alguma limitação ao poder do mais forte. O poder ilegal, arbitrário, não dá garantia de justiça e tira a liberdade de quem pede sua ajuda.

Hoje existe clara consciência de que não basta afirmar nas leis que as pessoas têm direitos. Especialmente quanto aos direitos fundamentais, já existe a preocupação de prever garantias especiais, que para terem mais força são estabelecidas na própria Constituição. É preciso que as pessoas conheçam essas garantias e façam uso delas sempre que houver uma ofensa a um direito protegido por elas.

## Autoridades administrativas e Poder Judiciário

Quem tem um cargo público ou exerce uma função pública é qualificado como "servidor público". Isso é o mesmo que servidor do povo, ou seja, alguém que tem o dever de prestar serviços ao povo. E para receber os serviços o povo paga impostos e taxas. Assim, portanto, a prestação de um serviço público não é um favor mas um dever do servidor, que é pago para isso.

Os membros do Poder Legislativo não têm a função de decidir ou tomar providências em casos particulares, mas também são muito úteis e podem prestar serviços, não só fazendo as leis, mas vigiando e controlando o governo, denunciando irregularidades e exigindo que os interesses do povo sejam atendidos por quem for responsável. É errado procurar um membro do Legislativo para pedir um emprego público ou para solicitar sua interferência a fim de conseguir solucionar um problema numa repartição administrativa. Mas é recomendável procurá-lo para denunciar omissões e irregularidades dos órgãos públicos.

Nos tempos modernos, o poder público interfere muito na vida social, por isso é muito frequente que as pessoas dependam dos órgãos públicos para praticar muitos atos e exercer muitos direitos. As pessoas que procuram uma repartição pública devem ter a consciência de que só devem solicitar o que for permitido por lei. E devem ter também a consciência de que, pedindo uma providência legal, não dependem da boa vontade ou da generosidade dos servidores públicos.

É indispensável que haja um relacionamento respeitoso entre o servidor público e quem solicita seus serviços. O servidor é pago para executar seu trabalho e em nenhuma hipótese se justifica a prática de corrupção para obter privilégios, ilegalidades ou, pura e simplesmente, para obter o serviço devido. A corrupção desmoraliza o servidor e quem se serve dele, além de contribuir para desorganizar os serviços e enfraquecer o direito.

Os policiais, civis ou militares, de qualquer categoria, são servidores públicos, pagos pelo povo para ajudar o povo. Pelas funções que a lei lhes dá, eles são os que mais frequentemente interferem quando um direito é ofendido. O policial deve ter consciência de que presta um serviço público relevante e de que tem um grande valor moral e social quando executa bem suas funções.

O povo, por seu lado, deve habituar-se a ver no policial, fardado ou não, um servidor público que tem o dever legal de ajudar as pessoas a protegerem seus direitos e que é pago pelo povo para lhe dar essa proteção. O policial violento, arbitrário, que não respeita os direitos das pessoas, está agindo fora da lei e deve ser denunciado para que não corrompa um organismo que deve ser um dos principais instrumentos de garantia dos direitos.

O Poder Judiciário foi criado para garantir o exato cumprimento da lei, para impedir arbitrariedades dos agentes públicos, para solucionar os conflitos entre as pessoas e, em última análise, para ajudar a realizar a justiça. Seja qual for a autoridade ou pessoa que pratique uma ilegalidade, será sempre possível pedir a ajuda dos juízes e tribunais para impedir a ação ilegal ou para corrigir os efeitos da ilegalidade e, em muitos casos, para punir quem agiu ilegalmente.

Os juízes, desembargadores e ministros do Poder Judiciário também são servidores públicos, pagos pelo povo para ajudar o povo. Embora muitas pessoas, especialmente as mais pobres e mais simples, vejam o Poder Judiciário como outro mundo, distante e superior, que só pode ser utilizado pelos ricos, isso não corresponde à realidade. Muitos membros do Judiciário perceberam o seu distanciamento do povo e compreenderam que isso não é bom e já procuram desempenhar suas funções como verdadeiro serviço público, prestando atenção aos aspectos humanos dos problemas que devem decidir, simplificando sua linguagem e igualando-se mais ao povo, dando maior valor social à sua função.

O povo deve habituar-se a procurar o Poder Judiciário sempre que um direito for ilegalmente ameaçado ou perdido. Desse modo, os juízes conhecerão melhor os problemas sociais, perceberão melhor que pertencem ao povo e poderão exercer maior influência para garantir os direitos.

## O *habeas-corpus*

Um dos instrumentos legais mais importantes para a garantia dos direitos é o *habeas-corpus*. Entre os direitos fundamentais da pessoa humana está o direito de se movimentar livremente, indo de um lugar para outro ou permanecendo onde quiser. Esse direito é normalmente referido como liberdade de locomoção. Ele é fundamental porque as pessoas precisam de liberdade, mas, além disso, porque quase sempre existe a necessidade de ir de um lugar para outro, a fim de tomar providências, quando qualquer direito é prejudicado ou ameaçado.

As ofensas mais frequentes ao direito de locomoção das pessoas são as prisões e detenções ilegais. Uma pessoa presa tem mais dificuldade para se defender e está mais sujeita a sofrer violências. Por isso, a prisão ou detenção ilegais são muito graves e é necessário que se possa devolver rapidamente à pessoa o direito de se locomover livremente, sempre que esse direito for ofendido ou ameaçado ilegalmente. Cabe o pedido de *habeas-corpus* também quando a ofensa ou ameaça ao direito de locomoção for feita por um particular. Isso acontece, por exemplo, quando o sócio de um clube, no pleno gozo dos direitos de sócio, é ilegalmente impedido de entrar no clube.

Qualquer pessoa que tenha conhecimento de que alguém está preso ou detido ilegalmente, ou que está havendo qualquer ameaça ou ofensa ao direito de locomoção de alguém, pode pedir ao juiz que dê uma ordem de *habeas-corpus*.

É interessante saber que a expressão *habeas-corpus* vem do latim e quer dizer "tome o corpo", no sentido de "'tome a pessoa". Essa expressão era o começo de uma frase que os juízes usavam para determinar que uma pessoa presa fosse posta em liberdade e apresentada ao juiz.

Não é preciso ser advogado nem há necessidade de ter procuração da vítima ou de ter qualquer relação de parentesco ou amizade com ela para pedir em seu favor uma ordem de *habeas-corpus*. Qualquer pessoa pode fazer o pedido, até por meio de um telegrama ao juiz, sempre que tiver notícia de ofensa ou ameaça ao direito de locomoção, praticada com ilegalidade ou abuso de poder.

Quem faz um pedido de *habeas-corpus* deve fornecer ao juiz o maior número possível de esclarecimentos. Se o juiz ficar logo convencido de que está ocorrendo a violência ilegal pode dar a ordem imediatamente. E se tiver dúvida, o juiz pode pedir informações à autoridade ou à pessoa que tiver sido indicada como responsável pela violência ilegal. Uma vez dada pelo juiz a ordem de *habeas-corpus*, ninguém pode impedir a pessoa de andar em liberdade.

A ordem de *habeas-corpus* pode ser dada também para impedir que uma pessoa sofra um inquérito policial ou um processo criminal por mero abuso de autoridade. Evidentemente, o *habeas-corpus* não será dado se houver fundamento legal para o inquérito, o processo, a prisão ou a detenção. Mas se qualquer dessas medidas for ilegal ou abusiva, cabe o pedido de *habeas-corpus* para garantir o direito de livre locomoção.

É tão importante proteger a liberdade de locomoção que o *habeas-corpus* pode ser pedido sem qualquer formalidade especial, mediante simples comunicação ao juiz. Em caso de emergência, o pedido pode ser feito até durante a noite, aos domingos, na casa do juiz ou onde ele for encontrado. Onde existem juízes com funções especializadas o *habeas-corpus* deve ser pedido normalmente a um juiz criminal. Além disso, o juiz pode dar *habeas-corpus* até mesmo sem haver um pedido, desde que ele próprio fique sabendo de algum modo que está ocorrendo uma ofensa ao direito de locomoção.

## O mandado de segurança

O mandado de segurança é um instrumento legal para garantir direitos. Ele só não pode ser usado para proteger o direito de locomoção, que é protegido pelo *habeas-corpus*. Quando qualquer outro direito estiver sendo prejudicado ou ameaçado por uma autoridade, pode-se pedir ao juiz que mande suspender a ofensa ou ameaça, desde que estas estejam sendo praticadas com ilegalidade ou abuso de poder.

O mandado de segurança só existe no Brasil e apareceu no sistema legal brasileiro com a Constituição de 1934. Ele pode ser usado contra alguma autoridade ou alguém que esteja agindo como delegado do poder público. Assim, por exemplo, pode-se pedir ao juiz um mandado de segurança para suspender uma ordem ou decisão ilegal de uma concessionária de serviço público, pois esta age em lugar do poder público, executando um serviço público.

Pode-se pedir um mandado de segurança tanto para suspender os efeitos de uma decisão ilegal quanto para forçar uma autoridade a praticar um ato, se esta for obrigada a praticar tal ato e se recusar a fazê-lo. Existem casos em que a lei estabelece prazo para que uma autoridade faça alguma coisa, mas há situações em que esse prazo não é previsto. Não havendo prazo fixado, deve-se esperar o tempo que pareça razoável e,

depois disso, já se pode pedir um mandado de segurança alegando omissão por abuso.

Para obter o mandado de segurança, é preciso que
o ato ou a omissão sejam contrários à lei e que sejam de
responsabilidade de uma autoridade. Assim, pois, não
cabe o pedido contra atos de particulares, mas o sentido
da palavra autoridade é muito amplo nesse caso, significando qualquer pessoa que tome decisões ou dê ordens
no exercício de uma função pública. Desse modo, até o
diretor de uma escola pública é uma autoridade.

Outro ponto em que o mandado de segurança
é diferente do *habeas-corpus* é que só pode pedir mandado de segurança a própria pessoa que tiver o direito
prejudicado, ou quem sofrer consequências imediatas
desse prejuízo. E quem faz o pedido deve provar, desde logo, que a ação ou omissão ilegal fere um direito
líquido e certo, isto é, um direito que já existe fora de
qualquer dúvida e cuja existência pode ser comprovada
no próprio ato do pedido de mandado de segurança.

É importante assinalar que se pode pedir mandado de segurança contra ato ou omissão de qualquer
autoridade, civil ou militar. Essa autoridade, tanto
pode ser um funcionário de posição mais modesta no
serviço público municipal, estadual ou federal, como
pode ser o próprio chefe do Legislativo, do Executivo ou do Judiciário. Em casos especiais, desde que o
juiz se convença de que um direito pode ser perdido
ou prejudicado sem remédio se não houver a proteção

imediata, pode ser concedido o mandado de segurança com caráter provisório, no momento mesmo em que o juiz receber o pedido.

O prazo máximo para se fazer um pedido de mandado de segurança é de cento e vinte dias, a contar do dia em que tiver sido publicado ou comunicado o ato contra o qual se quer agir. Depois desse prazo, só podem ser usados outros meios legais, inclusive judiciários, para fazer oposição àquele ato.

Como se verifica, o mandado de segurança, que é uma criação brasileira, tem grande utilidade para a garantia de direitos, ajudando a impedir ou corrigir ilegalidades e abusos de autoridades.

O mandado de segurança foi criado e amplamente utilizado para a proteção de direitos individuais. Na prática, a expressão *indivíduo* adquiriu o sentido de *pessoa* e desse modo foi possível usar também o mandado de segurança para proteger direitos de pessoas jurídicas, como as associações e as empresas.

A Constituição brasileira de 1988 introduziu uma importante inovação, criando o mandado de segurança coletivo, que pode ser usado quando o direito ofendido não for apenas o de uma pessoa. Esta nova modalidade reflete um avanço no sentido do reconhecimento dos direitos das coletividades. Pelo mandado de segurança coletivo um partido político, uma organização sindical, uma entidade de classe ou uma associação legalmente constituída podem defender perante o Poder Judiciário os direitos de seus membros.

## A ação popular

Entre os instrumentos legais previstos na Constituição para a proteção de direitos está a ação popular. Nos termos da Constituição, qualquer cidadão poderá propor ação popular para anular um ato que prejudique o patrimônio público, a moralidade administrativa, o meio ambiente ou o patrimônio histórico e cultural do povo brasileiro.

Só os cidadãos, portanto, podem utilizar essa medida, ficando excluídos os estrangeiros e os apátridas, isto é, todos os que não têm a cidadania brasileira. O objetivo da ação deve ser a anulação de ato de autoridade ou de servidor público de qualquer nível, ou de pessoa que esteja praticando atos por delegação do poder público, como é o caso dos dirigentes de concessionárias. O patrimônio, nesse caso, não tem apenas o sentido econômico, mas pode ser qualquer bem de valor artístico, estético ou histórico.

Já se tem admitido a ação popular, por exemplo, para obrigar o poder público a mandar retirar placas e cartazes que prejudicam a paisagem. Esse é um caso típico de proteção do patrimônio estético.

Embora a ação popular não vise proteger direitos que pertençam diretamente a um indivíduo, ela prote-

ge o patrimônio público, ou seja, protege direitos que
são de todos e de cada um. A ação popular é valiosa
para impedir que autoridades corruptas ou irresponsá-
veis prejudiquem bens e direitos que pertençam a todo
o povo. Quem tiver a iniciativa de mover uma ação
popular pode dar à causa um pequeno valor, apenas
simbólico, uma vez que o resultado da ação só trará
benefício indireto ao autor, como integrante do povo.
Aquele que, de boa fé, move uma ação popular está
prestando um serviço e não procurando uma vantagem
pessoal. Ao contrário disso, o uso malicioso da ação popular, para ganhar notoriedade ou fazer oposição política, é imoral e contrário ao interesse público.

### *Habeas-data*

O *habeas-data* é uma nova garantia constitucional criada pelo direito brasileiro e incluída na Constituição de 1988. Se uma pessoa quer saber o que consta
a seu respeito em qualquer fichário ou banco de dados
de um serviço público, inclusive das repartições policiais
civis ou militares, poderá pedir essa informação. O mesmo pedido poderá ser feito a organizações privadas que
fornecem informações pessoais à coletividade, como o
serviço de proteção ao crédito. Se a instituição pública
ou privada não quiser fornecer a informação, a pessoa
interessada poderá pedir ao juiz que conceda uma ordem de *habeas-data,* para que o pedido seja atendido.

Pode ser usado também o *habeas-data* para que uma pessoa consiga a correção de informações erradas a seu respeito, que constem de algum daqueles registros.

## Mandado de injunção

O mandado de injunção é também uma nova garantia constitucional, criada no Brasil ao ser elaborada a Constituição de 1988. Se alguém tiver um direito assegurado por disposição constitucional e não puder usar esse direito por falta de regulamentação poderá pedir ao juiz que expeça uma ordem, substituindo o regulamento. É evidente que em alguns casos não será possível atender plenamente esse pedido, por falta de meios materiais, como é o caso, por exemplo, do direito à moradia. Mas em grande número de situações será perfeitamente possível obter o mandado de injunção, através do qual o juiz complementará a regra constitucional.

## Direito de representação e de petição

O direito de representação e de petição também integra o conjunto das garantias fundamentais, embora possa ser utilizado mesmo quando não ocorrer ameaça ou ofensa a um direito. Qualquer pessoa poderá dirigir-se a uma autoridade pública, para defender um direito, pedir uma providência ou denunciar abuso cometido por um agente do poder público. Essa denúncia poderá consistir, pura e simplesmente, na comunicação da ocorrência do abuso, como poderá incluir também um pedido de providência.

O que é certo é que a própria Constituição assegura a qualquer pessoa o direito de fazer uma denúncia ou um pedido, seja qual for a autoridade responsável pelo abuso ou de quem se espera a providência. O objetivo da representação ou do pedido tanto pode ser alguma coisa de interesse imediato de quem toma a iniciativa, como pode ser também qualquer coisa de interesse geral.

### Direito de obter certidão

Os assuntos públicos devem ser, normalmente, tratados com a maior publicidade, para que o povo saiba o que está sendo feito em seu nome, com seu patrimônio, às suas custas. Em raríssimos casos é recomendável o sigilo, para proteger os interesses do próprio povo. Mas, mesmo nesses casos, é inaceitável que qualquer órgão público impeça outros órgãos, especialmente os do Poder Judiciário, de conhecer seus atos. Frequentemente, o sigilo é alegado para ocultar ilegalidades ou práticas de corrupção, sendo raríssimas as situações em que ele se justifica.

Tendo em vista a obrigação de publicidade e considerando que, muitas vezes, estão nas repartições públicas as provas da existência de certos direitos ou de ofensas a eles, a Constituição estabelece que qualquer pessoa poderá pedir certidões a repartições públicas, para defender direitos ou esclarecer situações. Quem necessitar de certidão para provar que um direito existe ou para esclarecer uma situação que esteja afetando um direito pode pedir certidão e a autoridade não poderá negá-la.

Em caso de negativa sem fundamento legal, o interessado poderá pedir mandado de segurança para obrigar a autoridade a fornecer a certidão, o mesmo podendo ser feito em caso de excessiva demora. Há muitas ocasiões em que esse elemento de prova é essencial, razão pela qual o direito de obter certidão é reconhecido como importante garantia de direitos.

# O POVO E O DIREITO JUSTO

O direito foi criado pelos homens e se for estabelecido de modo legítimo e comprometido com a justiça será um instrumento valioso para a conquista da paz.

Muitas vezes, o direito tem sido utilizado para garantir privilégios e diferenças injustas, o que faz muita gente pensar que não pode existir um direito justo, que proteja a liberdade e a dignidade de todos. Na realidade, o direito usado para dominação e injustiça é um direito ilegítimo, um falso direito. O que existe nesses casos é uma simples aparência de direito, escondendo o egoísmo e a desumanidade dos que não se envergonham de usar a força e a imoralidade para conseguir vantagens pessoais.

O que muitos duvidam é que as pessoas mais pobres e que não têm um cargo público importante possam ter e exercer direitos e receber a atenção dos que decidem sobre os direitos e as obrigações. Essa dúvida é justificada por muitos exemplos históricos, que demonstram a arrogância e a insensibilidade de muitos que dispuseram ou dispõem de força econômica, política ou militar. E não foram poucas as vezes em que pessoas das camadas mais humildes e menos favorecidas conseguiram uma posição de algum prestígio e logo passaram para o lado dos dominadores. Isso pode dar a alguns a impressão de que é inútil trabalhar e lutar pelo direito justo.

É preciso reconhecer que existem obstáculos e dificuldades, mas a história da humanidade demonstra que é possível avançar no sentido de construir sociedades mais justas, onde todos sejam livres e iguais em dignidade e direitos. Mas só ocorrerão novos avanços se houver um trabalho constante, despertando a consciência das pessoas para as exigências da justiça, demonstrando a organização social, valorizando a pessoa humana.

Os que gozam de posição mais favorecida devem usar seus direitos de modo justo e fraterno, dando solidariedade efetiva aos que ainda esperam o dia da libertação. E os que vivem distantes dos privilégios e das riquezas devem usar com esperança os direitos já conquistados, transmitindo a outros a consciência dos direitos e dando a mão aos que, de uma forma ou de outra, lutam pela justiça.

# INDICAÇÕES PARA LEITURA

Existem alguns preconceitos muitos sérios no Brasil quanto aos direitos e sua proteção e quanto à leitura de trabalhos sobre o direito. As leis e as obras jurídicas são geralmente escritas em linguagem complicada, ou porque quem escreve não sabe escrever de forma simples ou porque acredita que usando palavras que pouca gente conhece mostra que tem mais cultura.

Isso criou a ideia de que "direito é coisa de advogado", que os mortais comuns não conseguem entender. Os juízes e promotores colaboram para alimentar essa ideia, sendo comuns as decisões escritas em linguagem rebuscada e retorcida, com palavras que nem os dicionários registram. Até os delegados de polícia, em seus relatórios, costumam fazer "literatura", enchendo de adjetivos e de expressões técnicas o que deveria ser uma simples descrição resumida de fatos apurados.

A par disso, as despesas de uma ação judicial, muito elevadas para as pessoas mais pobres, além da demora em obter uma decisão, fizeram o povo concluir que "mais vale um mau acordo do que uma boa demanda". Isso quer dizer que é melhor ganhar alguma coisa do que sustentar um direito. Contribuíram também para que se chegasse a tal conclusão a corrupção nas repartições forenses e a inflação que tornou lucrativa a demora nas decisões. Muitos juízes, ou por estarem muito ocupados ou por se considerarem muito superiores, sabem que existe mas fingem não ter conhecimento da influência das gorjetas no andamento dos processos. Além disso, por um vício que vem da história colonial, os brasileiros confiam mais facilmente na corrupção das autoridades do que na afirmação de um direito.

Por todos esses motivos, não se formou no Brasil uma tradição de conhecimento da Constituição e das leis, pelo povo, e de recurso frequente aos tribunais para defesa dos direitos fundamentais. Os livros que tratam desses assuntos são, praticamente todos, escritos para serem lidos por especialistas, além de se limitarem, quase sempre, a discutir teorias e a comentar, com expressões técnicas, o que está escrito na lei.

Apesar dessas dificuldades, podem ser apontados alguns livros que são escritos em linguagem acessível e que serão úteis a quem desejar conhecer melhor os direitos básicos e as formas de garanti-los. Em primeiro lugar, é recomendável que se tenha sempre em casa um exemplar da Constituição, com o simples texto da lei, sem comentários, o que pode ser encontrado em qualquer livraria. Será útil, especialmente, a leitura frequente das partes que se referem aos direitos individuais, coletivos e sociais (artigos 5º e 6º).

Um livro que poderá ser muito útil para a obtenção de informações e o esclarecimento de dúvidas é *Direito constitucional do trabalho*, de Floriano Corrêa Vaz da Silva (Editora LTr). Usando linguagem simples, o autor faz um breve apanhado histórico do aparecimento dos "direitos sociais" nas Constituições. Fixando-se depois nas Constituições brasileiras, analisa os dispositivos da Constituição de 1969 referentes aos direitos dos trabalhadores.

Há um pequeno livro, chamado *Mandado de segurança e ação popular*, de Hely Lopes Meirelles (Editora Revista dos Tribunais), que contém os textos das leis que tratam desses dois assuntos, com a explicação breve dos pontos principais, sem a preocupação de discutir teorias.

A respeito do *habeas-corpus* também já existe grande número de obras, explicando e discutindo aspectos particulares. Entre os livros que tratam do assunto com objetividade, dando esclarecimentos sobre todos os aspectos mais importantes, encontra-se *Habeas corpus — Doutrina, prática e jurisprudência*, de Antônio Macedo Campos (Editora JALOVI).

Quanto à proteção dos direitos pelo Poder Judiciário, de modo geral, pode ser consultado o livro *Controle jurisdicional*, de Kazuo Watabane (Editora Revista dos Tribunais). Além da demonstração de que o Poder Judiciário pode dar proteção em qualquer caso de ofensa a direito, o autor indica a legislação e jurisprudência sobre mandado de segurança, demonstrando que ele pode ser usado também contra ilegalidades cometidas pelo próprio Judiciário. No tocante à presença do direito na vida de cada um e aos problemas para sua defesa, pode ser consultado meu livro *O renascer do direito* (Editora Saraiva), que trata dessas questões em linguagem simples e sem preocupações teóricas.

Para o estudo dos problemas relacionados com os direitos e a ordem econômica, é interessante o livro *A ordem econômica na constituição de 1969*, de Modesto Carvalhosa (Editora Revista dos Tribunais), que trata da liberdade econômica e de sua proteção, bem como das limitações impostas pela justiça social e pela busca do desenvolvimento nacional.

Relativamente aos direitos fundamentais da pessoa humana em geral e à sua proteção, existem dois pequenos livros, de autores norte-americanos, que são de leitura agradável e muito informativos. Esses livros são *Uma carta viva de direitos*, de William O. Douglas (Editora Ibrasa) e *Liberdades e direitos civis*, de Edwin S. Newman (Editora Forense). Embora tomando por base a Constituição e a Suprema Corte dos Estados Unidos da América, esses livros são muito úteis para dar ideia de como esses direitos podem ser protegidos quando o povo e o Poder Judiciário se unem para protegê-los.

Entre as obras brasileiras que tratam do assunto, pode-se recomendar *Direitos humanos no Brasil,* coletânea de conferências para educadores (editada por MPA Editora e Artes Gráficas). Será útil também a leitura de meu livro *Viver em sociedade* (Editora Moderna), conjunto de exposições e comentários breves, em linguagem simples, sobre os principais direitos fundamentais da pessoa humana.

É recomendável também o livro *A cidadania que não temos,* coletânea de artigos sobre as dificuldades para assegurar a prática dos direitos (obra coordenada por Maria de Lourdes Manzini-Covre e editada pela Editora Brasiliense). Em nível um pouco mais técnico, mas também escrito em linguagem clara e acessível, pode ser consultado o livro *Direito constitucional brasileiro* de Walter Ceneviva (Editora Saraiva).

Finalmente, é recomendável a leitura de *Em defesa dos direitos humanos,* de D. Paulo Evaristo Arns (Editora Brasília/Rio). Esse livro é uma grande entrevista, na qual, em linguagem simples e direta, o notável líder católico brasileiro trata dos principais problemas relacionados aos direitos humanos e indica a atitude correta de quem realmente se interesse por eles e queira defendê-los.

## SOBRE O AUTOR

Nascido em Serra Negra, em 1931, estudei na Faculdade de Direito da Universidade de São Paulo, onde sou professor de Teoria Geral do Estado desde 1963.

Além de inúmeros artigos e de vários livros em co-autoria, publiquei os seguintes livros: *O município brasileiro*, *Da atualização do Estado*, *Elementos de teoria geral do Estado*, *O futuro do Estado*, *O pequeno exército paulista* e *O renascer do direito*.

Fui presidente da Comissão Pontifícia Justiça e Paz da Arquidiocese de São Paulo, da qual sou membro atualmente.

coleção  primeiros passos 189

Gilvando Sá Leitão Rios

# O QUE É
# COOPERATIVISMO

**editora brasiliense**

Primeira edição, 1987
2ª edição, 2007
1ª reimpressão, 2008

Coordenação editorial: *Alice Kobayashi*
Coordenação de produção: *Roseli Said*
Diagramação: *Digitexto Serviços Gráficos*
Capa: *Renata Junqueira*
Revisão: *Tiago Sliachticas*

**Dados Internacionais de Catalogação na Publicação (CIP)**
**(Câmara Brasileira do Livro, SP, Brasil)**

---

Rios, Gilvando Sá Leitão
O que é cooperativismo / Gilvando Sá Leitão Rios.
São Paulo : Brasiliense, 2007. (Coleção primeiros passos ; 189)

2. ed. de 2007
ISBN 978-85-11-00111-2
1. Cooperativismo  2. Sociedades cooperativas
3. Sociedades cooperativas - Brasil I. Título II. Série.

07-8420                                                    CDD-334

---

**Índices para catálogo sistemático:**
1. Cooperativismo : Economia  334

**editora e livraria brasiliense**
Rua Mourato Coelho, 111 - Pinheiros
CEP 05417-010 – São Paulo – SP
www.editorabrasiliense.com.br

# Sumário

A Maria Isaura Pereira de Queiroz, amiga e Mestra.

Aos *haverim* (companheiros) do Kibutz Ga'ash, construtores de um cooperativismo socialista.

"O possível é o que jamais foi feito e, no entanto, poderia ser feito – é *possibilidade* e não *probabilidade*. É o que não possui a menor garantia prévia de que acontecerá – é aporia à procura de caminho, sem saber de antemão se há caminho e, se houver, se será possível encontrá-lo e, se encontrado, se poderá ser percorrido e, se percorrido, onde nos levará. Essa falta absoluta de garantia é a utopia. Sua marca é o possível e não o impossível."

Chauí, Repressão sexual –
essa nossa desconhecida

# Introdução

"Cooperativismo" é uma dessas palavras mágicas – à semelhança do termo "democracia" – que "servem para tudo", como uma chave-mestra que abre todas as portas. Palavra mágica, porque palavra-panacéia, remédio para todos os males, solução para múltiplos problemas. Cooperativas aparecem inevitavelmente em qualquer referência de reforma agrária, tanto em recomendações oriundas da Pastoral da Terra (da Igreja Católica) como nos documentos da Aliança para o Progresso, lançada pelo então presidente Kennedy para neutralizar a repercussão da Revolução Cubana na América Latina, no início da década de 1960. Curioso é que, enquanto a Aliança para o Progresso as incentivava e recomendava e o cooperativismo passava a ser visto como uma "terceira via" de reformismo nem sempre ingênuo, sob as bombas norte-americanas, cooperativas agrícolas construíram o tecido socialista no Vietnã.

Em situações econômicas e culturais tão diferentes como na Nicarágua sandinista e na América de
Reagan se fala e se trabalha em cooperativas. Há cooperativas em Israel e nos países árabes, nos países que
se intitulavam socialistas e nos países que nunca se inti-
tularam socialistas, nos países dependentes da periferia
como nos países centrais metropolitanos, em países de
cultura ocidental como nos países de outras configura-
ções culturais (China, Índia, Senegal etc.).

Será que se poderia falar de uma internaciona-
lização do "movimento cooperativista", pelo fato de
existir inclusive uma (ACI) Aliança Cooperativa Internacional sediada em Londres e fundada em 1895? Na
realidade, esse internacionalismo existe apenas em termos da difusão de uma fórmula organizacional. É ób-
vio que as contradições entre "tempos históricos" tão
diversos, como o da agricultura francesa e o da senega-
lesa, entre regimes econômico-políticos tão distintos,
como o cubano e o inglês, ou o estágio organizacional
e tecnológico dos pescadores artesanais nordestinos e
o dos pescadores bretões, tornam cada experiência nacional bem específica e condicionada.

Mas não é só no plano internacional que o cooperativismo aparece sob tantas faces e rótulos. Olhan-
do para a realidade brasileira, é paradoxal (ao menos à
primeira vista) constatar que a fórmula cooperativista
é adotada nas mais diversas situações de classe. Assim,
cooperativas servem de intermediárias entre as atividades de plantadores de cana e usineiros do açúcar, ao

mesmo tempo que o Ministério do Trabalho (no governo Figueiredo) sugeria que os "bóias-frias" se organizassem em "cooperativas de trabalhadores". Os armadores de Santos e os pescadores artesanais paraibanos de Cabedelo conhecem a fórmula cooperativa. Os grandes plantadores de cacau no sul da Bahia têm sua cooperativa, enquanto minifundistas se organizam cooperativamente no Piauí. Filiados à conservadora União Democrática Ruralista (UDR) por vezes são sócios de estruturadas cooperativas; por outro lado, participantes do renovador Movimento dos Sem-Terra (MST) gerem recentes cooperativas. O cooperativismo aparece, pois, no Brasil, sob uma dupla e contraditória face. Por um lado, é o instrumento rotineiro e eficaz na organização econômica de agricultura da exportação (café, açúcar, cacau, soja etc.), da agricultura capitalizada voltada para o abastecimento interno (hortifrutigranjeiros) ou da agricultura latifundiária do algodão nordestino. Por outro, o cooperativismo é sistematicamente apresentado como "a solução" para a comercialização agrícola dos produtos de pequenos agricultores, de pescadores e de artesãos.

Dessa maneira, tanto no agronegócio como na agricultura familiar, o cooperativismo é considerado um instrumento adequado. No primeiro caso, em termos organizacionais; no segundo, em termos de promoção socioeconômica mediante políticas de desenvolvimento. Um exemplo expressivo da produção agrícola moderna está no fato de as cooperativas disporem de mais de 30% da capacidade total de estocagem no Brasil, ou seja, 8,6 milhões de toneladas de um total de 38,5 milhões. As exportações do setor cooperativo aumentaram 44,8% entre 1974 e 1977. Em 1973 as cooperativas brasileiras receberam e comercializaram 45% do total da soja produzida no país, 84% do trigo e 62 % da lã. Já em 1995 havia mais de 3.900 cooperativas em atividade no Brasil, reunindo aproximadamente 4 milhões de pessoas. O cooperativismo brasileiro respondia por um volume de transações econômicas equivalente a 5% do Produto Interno Bruto (PIB) e gerava cerca de 150 mil empregos diretos. Só o cooperativismo agropecuário contribuía para as exportações com uma média de 630 milhões de dólares/ano entre 1992 e 1994. Em 2002 a Organização das Cooperativas Brasileiras (OCB) registrava um total de 7.549 cooperativas e mais de 5 milhões de cooperados. Em 2005 a OCB registra 7.518 cooperativas, um decréscimo apenas aparente, considerando-se o acréscimo para mais de 6,5 milhões de associados. Uma vez que nem todas as cooperativas se filiam a esta organização, caso das cooperativas estimuladas pelo MST, por exemplo, já temos aí uma subestimação do total de cooperativas. Com efeito, já a partir do anos 1980 surge um novo tipo de cooperativismo, que chamo de "cooperativismo solidário", por apresentar de maneira explícita uma perspectiva ideológica e uma opção política em contraposição ao "cooperativismo de negócios", asséptico, nas aparências, quanto a interesses de classes. Ocorre nesse contexto (é só um paralelo, mas uma comparação esclarecedora) o que se passa na discussão acadêmica sobre a "neutra-lidade" ou não da ciência. Os defensores do "cooperati-vismo empresarial" puro e duro se comportam como se também o cooperativismo pudesse ser "neutro", isto é, infenso à dinâmica dos interesses de classe em uma so-ciedade tão desigual como a nossa. Em termos, porém, de seu conteúdo o que diferenciaria o cooperativismo solidário do cooperativismo de negócios? Visualizo pelo menos dois aspectos: o primeiro, de cunho eminente-mente sociológico, no que diz respeito à configuração dos associados e, o segundo, de cunho eminentemente ideológico, no que diz respeito aos mediadores.

No que diz respeito ao primeiro aspecto e dese-nhando um perfil sociológico diferenciado em termos de associados e de classe, dois tipos de cooperativa se destacarão a partir dos anos 1980 no cenário econômico nacional: as cooperativas de trabalho no meio urbano e as cooperativas de agricultura familiar no meio rural.

No que se refere ao segundo aspecto, o ideológi-co, é nítida a clivagem entre os mediadores do coope-rativismo solidário e os do cooperativismo de negócios. Em virtude disso teríamos, de um lado, técnicos, aca-dêmicos, religiosos, políticos, militantes de um coope-rativismo solidário e, de outro, técnicos, acadêmicos, empresários e políticos, formuladores de um cooperati-vismo de negócios. Os que se situam na primeira pers-pectiva seriam ou profissionais militantes ou simples-mente militantes, ao passo que os da segunda perspec-tiva militariam profissionalmente em suas respectivas áreas. Em face a diferenciação das classes sociais, como situar então a niveladora proposta cooperativista, mais uma vez chave-mestra de várias portas?

Na realidade, longe de superá-la, a diferenciação classista se reproduz no cooperativismo, contradizendo a ideologia niveladora. A cada classe sua cooperativa. Existe, pois, um cooperativismo dos ricos e um cooperativismo dos pobres. Isso significa que, em vez de as diferenças entre as classes diminuírem, se acentuam. Isso ocorre pela concentração da riqueza, do prestígio social e do poder político aumentada pelas cooperativas das classes dominantes.

Qual o papel, então, da ideologia (ou ideologias?) do cooperativismo? Ideologia de controle social ou ideologia de contestação e de mudança? Qual o grau de autonomia das cooperativas na teia dos condicionamentos de classe? Sem dúvida elas são condicionadas pelos interesses dominantes, mas também, por outro lado, poderão favorecer os interesses das classes subalternas? Isto é, se servem aos interesses dos ricos, podem servir também para tentar superar a pobreza? O exame do cooperativismo como ideologia conservadora pede o exame do cooperativismo como ideologia renovadora, levando-se em conta, pois, a diferenciação classista. Há portanto uma dupla diferenciação que faz um par: uma na realidade econômica, outra ideológica e política.

Se no plano internacional e no plano sociológico o cooperativismo é plural, ele o é também em termos operacionais. Há cooperativas de trabalho, de crédito e de eletrificação rural; de pesca e de consumo doméstico; de produção industrial e de comercialização agrícola; habitacionais e de artesanato; de serviços e de revenda de material agropecuário; de transporte e de turismo etc. Em suma, tanto na produção quanto na distribuição, em todos os setores há organizações cooperativas.

Mas será que essa multiplicidade de tipos de cooperativas indicaria uma "cooperativização" da economia? Constituiriam as cooperativas um "setor" específico na economia, dotado de autonomia e dinamismo próprios?

De fato as coisas precisam ser qualificadas, isto é, não se deve confundir a comum identidade jurídica das cooperativas com suas mais diversas inserções econômicas e sociológicas. O exame do surgimento do cooperativismo deverá situar concretamente o papel conservador ou renovador das cooperativas e do cooperativismo ao longo da história.

Duas faces da mesma moeda: o cooperativismo dos ricos e o cooperativismo dos pobres

# Conceituação e características básicas da organização cooperativa

O cooperativismo como fruto do movimento operário resultou na criação de um modelo de associação com as seguintes características: propriedade cooperativa, gestão cooperativa e repartição cooperativa. A primeira característica significa que estamos diante de uma associação de pessoas e não de capital. Isto é, a propriedade é atribuída aos associados, independentemente das contribuições financeiras individuais à constituição da sociedade. A segunda característica, gestão cooperativa, significa que o poder de decisão último é competência da assembleia dos associados. Finalmente, a terceira característica, a repartição cooperativa, indica que a distribuição das sobras financeiras no final de um ano de trabalho deve ser feita de maneira diversa da que ocorre em uma empresa capitalista. Isto é, na primeira a referida distribuição se faz segundo a participação dos associados nas operações dela. É por isso que na empresa de capital se fala em lucros e dividendos e, na sociedade cooperativa, em sobras líquidas. Isto é, sobras, depois de descontadas as despesas administrativas. Não se trata de lucro extraído do trabalho de assalariados, caso da empresa capitalista. Trata-se de lucro originário do trabalho direto dos próprios associados. É o caso típico das cooperativas operárias de produção industrial. Em uma cooperativa de consumo (ou outra de serviço) o lucro origina-se da participação dos associados, ou seja, dos usuários. Isso ocorre porque, sendo a cooperativa uma organização que visa exclusivamente a fornecer serviços a seus associados a preço de custo, as diferenças entre o custo efetivo desses serviços e os ganhos obtidos pela cooperativa na comercialização agrícola, por exemplo, "retornam" (daí o nome de "retorno") para cada associado. Obviamente esse "retorno" é proporcional ao volume de negócios (entrega da produção no caso) de cada associado. A cooperativa não lucra em cima do associado, ela é apenas um instrumento para os associados, estes sim, lucrarem.

As características específicas da empresa cooperativa (propriedade, gestão e repartição cooperativas) determinam que ela possa ser concebida como parte integral ou extensão das empresas individuais de seus associados. A cooperativa é, pois, um meio pelo qual certas funções podem ser levadas a cabo mais efetiva e economicamente, quando realizadas pelas empresas associadas e não individualmente. Nesse tipo de empresa *sui generis* os associados não são apenas os co-proprietários, mas também os usuários ou fregueses. Disso resulta que a única finalidade de uma cooperativa consiste em prestar serviço a seus próprios associados-proprietários-usuários, e suas atividades constituem parte das atividades totais da empresa individual de cada associado.

Qualquer benefício econômico direto que resulte de negócios da cooperativa, em forma de um "superávit" comercial, é dividido entre os associados, não na proporção de seus títulos de capital social, mas na proporção do uso dos serviços comuns.

Assim, em uma cooperativa de consumo, quanto maior for o volume de compras de determinado associado, maior será sua participação na distribuição do excedente pela cooperativa. Um associado que não tenha feito nenhuma compra no período de um ano, também nada receberá, naturalmente.

Há, portanto, uma conexão direta entre as necessidades dos sócios, por um lado, e as operações da cooperativa, por outro; e entre a participação dos associados nas atividades da cooperativa, por um lado, e o funcionamento da cooperativa, por outro.

A forma cooperativa da organização mantém, não só a unidade entre propriedade e controle, mas também, e especialmente, a unidade entre o uso e o controle da empresa. O associado da cooperativa não é somente um cosuário da empresa; é um coparticipante na tomada de decisões e um fiscal na aplicação destas.

O fato de uma cooperativa não poder manter existência independentemente das atividades de seus associados, conjugado ao princípio de que uma cooperativa é formada para prestar serviços a seus associados e não para auferir lucros, confere uma marca distinta ao "capital social" da cooperativa. No sistema cooperativo, constitui princípio fundamental que o "excedente disponível" seja devolvido aos cooperados na proporção de sua participação nas operações comerciais. O excedente é, pois, restituível aos associados na proporção do uso dos serviços da cooperativa.

As cooperativas são um tipo de empreendimento em que o motivo de "serviço" substitui o de "lucro" e em que o grupo "proprietário-usuário" substitui o "intermediário".

Pode-se definir uma cooperativa como uma associação voluntária com fins econômicos, podendo nela ingressar os que exercem uma mesma atividade. Ela é regulamentada democraticamente à base de "um homem, um voto", e cada membro contribui para a constituição do capital social, mas os benefícios não se distribuem segundo o capital subscrito, mas na proporção do volume de negócios realizado entre a cooperativa e cada associado. Isso ocorre porque, como uma cooperativa é formada para prestar serviços a seus associados e não para obter lucros, as "cotas" de uma cooperativa são contribuições dos associados para o estabelecimento e a manutenção desses serviços mútuos, "a preço de custo". Assim, representam um pré-requisito para receberem tais serviços, e não um título para pagamento de lucros sobre as contribuições mencionadas. Disso decorre o princípio de que o "excedente disponível" (lucro) seja devolvido aos cooperados na proporção de sua participação nas operações comerciais. Afinal, a cooperativa trabalha para seus associados, não para si própria como empresa.

Verdade é que essas características por vezes existem apenas nas legislações e nos estatutos. Isto é, existem apenas "no papel", são letra morta, não se traduzem na realidade. Mas isso é outra história e o tipo de coisa que ocorre em qualquer outro campo de atividade humana: igrejas, sindicatos, partidos políticos etc.

A defasagem entre princípios e prática, a história de que "na prática a teoria é outra", é um problema bem real, mas que deve ser colocado em suas justas dimensões, isto é, em termos de uma análise sociológica dos modelos cooperativos existentes. Por enquanto quero frisar apenas as características definidoras do "que é" cooperativa, as variações ou distorções existentes em relação ao modelo se situam em um outro nível de análise.

# II
# Surgimento do cooperativismo

## Cooperativismo como movimento operário

O surgimento do cooperativismo liga-se ao desenvolvimento do capitalismo industrial na Europa do século XVIII, como expressão de um movimento operário, reagindo às condições de extrema exploração então existentes. Nesse contexto, crianças de menos de nove anos trabalhavam das seis da manhã às seis da noite e os adultos tinham uma jornada de catorze horas de trabalho. Nessa época não existia nenhum sistema previdenciário, nenhuma segurança no emprego, até se associar profissionalmente era proibido; proibição essa feita em nome da "liberdade do trabalho". Este é justamente um dos significados históricos do termo "liberalismo"... Tanto na Inglaterra como na França as associações operárias eram expressamente proibidas por lei e previam-se severas penas para os infratores. Nesse ambiente de exploração econômica e de repressão policial-militar, as primeiras associações operárias são associações secretas, clandestinas.

Na Inglaterra, o direito de associação é reconhecido em 1826, mas o direito de greve só o será em 1875; na França, isso ocorre em 1884. No Brasil, as associações operárias surgiram inicialmente como sociedades de ajuda mútua, como a associação dos "galileus" de Pernambuco, embrião das futuras Ligas Camponesas, apresentada no filme *Cabra marcado para morrer* de Eduardo Coutinho.

Como se sabe, os moradores do antigo engenho de açucar Galiléia desencadearam o que viriam a ser posteriormente as reivindicativas Ligas Camponesas, a partir da despretensiosa criação de uma sociedade de ajuda mútua para enterrar seus mortos. A pobreza era tanta que, quando morria um morador, o caixão era "emprestado" pela Prefeitura do município onde se localizava o engenho, Vitória de Santo Antão. O caixão obviamente só era utilizado para carregar o defunto, sendo devolvido à Prefeitura depois de esvaziado de sua "carga". Foi para fugir a esse "vexame" do caixão de indigentes que os moradores fundaram uma associação que foi logo mal vista pelo proprietário das terras (residente na capital), que tentou expulsá-los. Em virtude disso, os "galileus" procuraram um advogado e deputado estadual (Francisco Julião), originando-se aí um processo político de luta pela desapropriação do engenho Galiléia.

Os estatutos de uma dessas associações (dos confeccionadores de luvas de Grenoble, França), diziam: "o nosso objetivo exclusivo é auxiliar aqueles nossos colegas que venham a cair doentes ou encontrar-se na indigência". Essas associações de ajuda mútua constituem o embrião, simultaneamente, da previdência social, do sindicalismo e do cooperativismo.

O cooperativismo europeu surge, pois, como uma reação proletária ao liberalismo do capitalismo competitivo, como parte de uma estratégia de sobrevivência, constituindo também um projeto político. Não se pretende superar apenas os males do capitalismo: pretende-se eliminar o próprio regime econômico que os provoca. Por causa desse projeto alternativo, distinguem-se no cooperativismo inglês duas perspectivas de integração setorial: classifico a primeira perspectiva de ascendente; a outra, de descendente. Chamo de ascendentes as experiências que, partindo de uma comunidade agrícola e passando pelo beneficiamento da produção, pretendiam atingir o setor de serviços, a educação inclusive. Nesta categoria, identifico o pensamento do socialista utópico Robert Owen, o qual, além de ter lutado pela multiplicação de cooperativas operárias de produção e de consumo, militou também a favor de um movimento sindical único.

Com a perspectiva descendente o roteiro é inverso: partir do consumo para se chegar ao setor agrícola. Nessa corrente, ressalto a figura do dr. William King, que, entre 1827 e 1830, chegou a fundar cerca de trezentas cooperativas de consumo. Nessa mesma perspectiva foi organizada por 28 tecelões de Rochdale, em 1844, uma cooperativa de consumo, que veio a ser considerada a fonte do cooperativismo. Os princípios de organização definidos por esse grupo foram "fossilizados" posteriormente em uma rígida "doutrina", desvinculada de seu contexto original.

A evolução do cooperativismo na Inglaterra não superou o capitalismo, mas inegavelmente mudou sua face. Dispondo de bancos, fábricas, plantações, jornais, cooperativas de associações de ajuda mútua, com cerca de 12 mil membros. Da perspectiva associacionista surgiram posteriormente as cooperativas operárias de produção. Estas trouxeram vantagens consideráveis para certas categorias profissionais em particular, e para a classe operária de modo geral.

Ainda hoje, as cooperativas de produção industrial têm um peso importante no setor cooperativo francês, as lutas operárias se confundindo, por vezes, com essas experiências. Assim, quando uma indústria vai à falência, em mais de um caso, os operários assumiram seu controle "gestionário".

## COOPERATIVISMO COMO INICIATIVA DAS ELITES

Na Europa o cooperativismo surge como uma reação proletária aos problemas socioeconômicos criados pelo capitalismo. No Brasil o cooperativismo nasce como uma promoção das elites (econômicas e políticas) em uma economia predominantemente agroexportadora. Não se trata, pois, de um movimento vindo de baixo, mas imposto de cima. Não é o caso, portanto, de um movimento social de conquista, mas de uma política de controle social e de intervenção estatal. Não ocorreu a criação de uma fórmula associativa, mas apenas sua importação e adequação aos interesses das elites políticas e agrárias. Por outro lado, as ideias socialistas justificam a prática cooperativista de origem operária. No Brasil são ideias corporativas (fascistas) que inspiram, por vezes, a prática e a legislação. Assim como o sindicalismo brasileiro está marcado em suas origens e organização pelo Estado Novo getulista (da década de 1930), isso ocorreu na mesma época com o cooperativismo.

Finalmente, como movimento social operário, o cooperativismo europeu é um movimento de expressão predominantemente urbano (cooperativas de consumo na Inglaterra e de produção industrial na França). No Brasil, o cooperativismo, como movimento de elites, conservador, se localizará sobretudo no meio rural. O aparente caráter reformista do movimento esgota-se nas pretensões de modernização agrícola. Não toca, entretanto, no problema da propriedade e da renda da terra, dos trabalhadores rurais e dos pequenos produtores, questões que entrariam em conflito com os interesses das classes dominantes agrárias. É por isso que o cooperativismo agrícola brasileiro é, sobretudo, um cooperativismo de serviços, não propriamente um cooperativismo de produção. A cooperativa presta serviços aos associados em razão de seus estabelecimentos individuais, de maneira isolada. Trata-se de um modelo bem adequado à concentração da propriedade fundiária.

Um traço característico do cooperativismo na América Latina é que seu desenvolvimento tem caráter cíclico. A história do cooperativismo latino-americano confunde-se, então, com suas crises econômicas e políticas, reflexos de uma economia e de uma diplomacia dependentes. Assim, de maneira geral, as principais campanhas de fomento ao cooperativismo se dão entre 1927 e 1936 (crise econômica mundial), na época problemática do pós-guerra e de seus ajustes econômicos (decênio de 1940), ou ainda para fazer frente à chamada "ameaça do comunismo" e ao impacto da Revolução Cubana (década de 1960). Na Colômbia há um grande estímulo ao cooperativismo entre 1948 e 1957. Ora, justamente nesse período, esse país conhece uma fase de aguda e anárquica violência rural. Trata-se, portanto, de um modelo não apenas importado pelas elites, mas também de um instrumento de controle social e político. Ao menos em termos da legislação e da prática dominantes no Brasil.

O cooperativismo é uma associação de pessoas e não de capital.

# III TIPOS DE COOPERATIVAS

A associação-empresa cooperativa é um empreendimento que compreende tantas variedades quantas são as necessidades possíveis de serem atendidas em uma economia moderna (tanto capitalista quanto socialista). Essa multiplicidade de tipos de cooperativas (de consumo, de trabalho, de produção agrícola ou industrial, de pesca, de crédito etc.) tem a unificá-los o denominador comum das três características básicas, já definidas antes, desse gênero de associação: propriedade, gestão e repartição cooperativas.

Os diferentes tipos de cooperativas constituem a aplicação prática, nos diversos setores da economia, do modelo de empresa cooperativa. A listagem que segue não é exaustiva nem excludente, mas apenas seleciona os tipos mais correntes, como cooperativas de produção industrial, de produção agrícola, de serviços (crédito, comercialização etc.) no setor agropecuário, de consumo, em meio urbano, de pesca, de artesanato etc. É por isso mesmo que, coerentemente com essa diversidade, a legislação brasileira estabelece que as cooperativas se classifiquem de acordo com "o objeto ou pela natureza das atividades desenvolvidas por elas ou por seus associados" (art. 1º da Lei nº 5.764, de 16/12/1971).

## COOPERATIVAS DE PRODUÇÃO INDUSTRIAL E DE TRABALHO

As cooperativas de produção industrial são constituídas por trabalhadores que reúnem, segundo modalidades diversas, o capital necessário ao funcionamento de uma empresa que eles gerem democraticamente.

Esse tipo de cooperativa surgiu da vontade dos trabalhadores escaparem à exploração patronal. Com essa finalidade, grupos de trabalhadores criaram suas próprias empresas ou assumiram a falência das indústrias em que trabalhavam como simples assalariados, transformando-se em "produtores associados" em vez de desempregados. Tornaram-se, portanto, seus próprios patrões, assumindo coletivamente a função de empresários.

A abolição do patronato, isto é, a autoridade suprema, emanando da propriedade do capital, não dispensa, entretanto, a função de coordenação. Esta é apenas democratizada. O conselho de administração é escolhido pela Assembleia Geral dos associados, onde há igualdade do direito de voto para cada membro, independentemente da quantidade de cotas-partes subscritas por cada um. A distribuição, no fim do exercício financeiro, das sobras se dá de acordo com as horas de trabalho de cada um, bem como da escala salarial existente.

Esse tipo de cooperativa, pelo gênero de associados envolvidos (membros da classe operária) e por sua proposta radical de transformação no nível de empresa, foi objeto da atenção do militante Marx que, ao redigir as *Resoluções do Primeiro Congresso da Associação Internacional dos Trabalhadores*, reunido em Genebra em setembro de 1866, escreveu: "Nós recomendamos aos operários encorajarem o cooperativismo de produção em vez do cooperativismo de consumo, este atingindo a superfície do sistema econômico atual, aquele atacando-o na sua base", Em outra ocasião, Marx, em *O Capital*, indica seu interesse por esse gênero de associação: "as cooperativas de produção trazem a prova de que o capitalista tornou-se tão supérfluo como agente da produção quanto o é o grande proprietário aos olhos do capitalista evoluído", É verdade, porém, que Marx encara o cooperativismo em uma perspectiva de mudança global da sociedade: "Para que as massas trabalhadoras sejam libertadas, o cooperativismo deveria tomar uma amplitude nacional e, por conseguinte, seria necessário favorecê-lo com meios nacionais. Mas aqueles que reinam sobre a terra e sobre o capital usarão sempre de seus privilégios políticos para defender e perpetuar seus monopólios econômicos". Dado o caráter de militância operária desse tipo de cooperativa, sua história e seu surgimento se confundem com os movimentos sociais vinculados às lutas da classe operária contra a classe patronal. Não foi à toa que esse tipo de cooperativa surgiu, pois, em um país como a França, cuja história social é marcada de maneira explícita pelo confronto entre as classes. Mas o movimento se expandiu também pela Itália, e conheceu expressão peculiar no Estado de Israel, cuja formação não está desvinculada da ideologia socialista de certas correntes migratórias.

O cooperativismo de produção demonstra que o patronato, isto é, a presença à frente das empresas de um representante do capital, é dispensável; que os trabalhadores são bem capazes, quando dispõem de liberdade e de responsabilidade, de organizar seu trabalho, de aceitar a disciplina necessária, de compreender os problemas, mesmo financeiros, de uma empresa. Ele demonstra como a abolição do assalariado é não apenas possível, mas também fecunda, do ponto de vista da eficiência e da realização humana.

As cooperativas de trabalho são entidades que congregam profissionais de uma mesma área, setor ou especialização (como médicos, engenheiros, técnicos etc.) segundo as normas e os princípios de organização cooperativa, com a finalidade de oferecer serviços em tal ou tal especialidade. A grande vantagem da cooperativa é que o trabalhador se apresenta coletivamente (não como sindicato, mas como empresa prestadora de serviços) diante do mercado de trabalho. A cooperativa de trabalho não age como uma empresa de terceirização, pois esta apenas intermedeia a oferta de mão-de-obra, buscando lucro via exploração da mão--de-obra contratada. Trata-se de um tipo de cooperativa com grande potencial de desenvolvimento e afirmação, tanto econômica como política, no atual cenário de desemprego provocado pelas políticas econômicas neoliberais. Em 1995 já existiam em todo o Brasil 986 cooperativas de trabalho, das quais 156 criadas em 1994. Um exemplo desse tipo de experiência nos é dado pela Cooperativa Nordeste dos Petrotécnicos (Coonpetro), formada por demitidos e aposentados oriundos das empresas do Pólo Petroquímico de Camaçari e da Petrobras. Com cerca de 380 cooperantes, e então com menos de dois anos de fundação, a cooperativa já prestava serviços nas áreas química, petroquímica, petrolífera e em terminais marítimos. A ideia de formar a cooperativa partiu de um grupo de amigos desempregados, que buscavam uma opção de trabalho para o grande número de profissionais capacitados em disponibilidade no mercado. Experiência semelhante, ainda na Bahia, é a da Cooperativa dos Inspetores de Equipamentos (Cooinsp) que há duas décadas presta serviços periódicos de inspeção nas indústrias. As cooperativas de trabalho surgem, pois, no contexto pós-fordista de flexibilização do trabalho e da abertura do mercado nacional em função dos interesses da globalização dos países centrais. Nesse contexto, ocorre a desproletarização do trabalho fabril, industrial, como consequência da chamada Terceira Revolução Industrial (novas tecnologias nas áreas de informática, microeletrônica e telecomunicações).

A indústria de transformação que na Região Metropolitana de São Paulo empregava 1.625,6 assalariados formais e 147,4 informais em 1981 passa a empregar 1.427,3 e 178,9, respectivamente, em 1993. Por outro lado, enquanto os assalariados formais, sempre na mesma região, ocupavam 53,04 % das posições ocupadas em março de 1989, em março de 1996 diminuíam para 43,07%; os assalariados informais que ocupavam 9,14% em março 1989 aumentavam sua participação para 11,37% em março de 1996. Ademais, para os mesmos períodos temos um acréscimo de 15,59% para 20,21% na categoria dos autônomos, que em parte é constituída por ex-assalariados formais precariamente estabelecidos.

Em contrapartida à precarização crescente das relações de trabalho observa-se que, se no mesmo estado de São Paulo havia apenas 31 cooperativas de trabalho em 1991, em 1998 já eram 178 e cerca de cem mil cooperados. Na década de 1990 o cooperativismo de trabalho foi a modalidade que mais cresceu, inclusive internacionalmente. No Brasil temos o total de 2.109 cooperativas de trabalho e de 356.089 cooperados.

As cooperativas de trabalho surgiram portanto na esteira da precarização do trabalho – tudo isso já é bem conhecido –, entretanto não cabe uma vinculação mecânica e economicista entre uma coisa e outra, esvaziando, pois, muitas dessas experiências de uma visão de economia política alternativa, pois há motivações tanto de ordem estritamente pragmática como de ordem política e ideológica a nortearem tanto a ação de mediadores quanto dos sujeitos sociais diretamente interessados nos empreendimentos solidários. Nesse caso estamos em presença de um cooperativismo militante e contestador, cujas experiências na época pós-fordista reatam sintomaticamente com a experiência já secular das cooperativas de produção industrial da Primeira Revolução Industrial. Tanto em um caso como em um outro não temos apenas respostas reativas à exploração e à exclusão, mas também reptos ao modelo econômico vigente e construção concreta de alternativas. Vale ressaltar, por fim que, assim como as cooperativas rurais tradicionais tinham "dono" que, em geral, era um chefe político local vinculado à intermediação da produção, muitas vezes cooperativas de trabalho são meros disfarces para o capital explorar mais ainda a mão-de-obra, eximindo-se dos compromissos trabalhistas. A distinção, pois, entre estrutura formal jurídico-administrativa e configuração sociológica é fundamental para "separar o joio do trigo", para saber distinguir aparentes cooperativas de cooperativas reais.

O cooperativismo da produção não pode ter a força, por seu próprio desenvolvimento, de transformar toda a economia capitalista. Entretanto, no contexto de uma economia democraticamente planejada, os trabalhadores poderiam assumir a responsabilidade da organização de seu próprio trabalho.

## COOPERATIVAS DE PRODUÇÃO AGRÍCOLA

Em geral, esse tipo é confundido com as cooperativas de serviços do setor agropecuário (comercialização da produção, por exemplo), o que convém realmente distinguir, pois se trata de níveis qualitativamente distintos. Afinal, uma coisa é uma associação de agricultores individuais para o atendimento de um serviço isolado e, outra, a constituição de uma empresa de produção agrícola coletiva onde a terra, mesmo se cultivada em lotes individuais, tem o seu aproveitamento planejado comunitariamente. Os serviços prestados por uma cooperativa de produção agrícola são apenas uma decorrência necessária de um planejamento comunitário integral, mas o fundamento desse tipo de associação está, como o próprio nome indica, na produção em comum. Da mesma maneira que o que caracteriza uma cooperativa de produção industrial é sua produção em comum, o que caracteriza uma cooperativa de produção agrícola é sua produção em comum de produtos agrícolas. Sua comercialização cooperativa será apenas uma decorrência lógica e necessária de uma integração já existente na base.

Essas ressalvas não são uma questão de pura terminologia, mas se impõem, uma vez que denominar uma cooperativa de prestação de serviços como de produção agrícola pode, de certa maneira, mascarar o problema crucial, e político, da relação com a terra como fator decisivo de integração comunitária.

O leque das experiências desse gênero de cooperativas é muito grande. A Hungria foi o único país socialista onde a coletivização das terras provocou aumento da produção, e isso graças ao sistema cooperativo. A agricultura tornou-se um elemento que contribui com cerca de um quarto das exportações do país. Os resultados positivos obtidos na agricultura são medidas não ortodoxas em relação aos critérios tradicionais de planejamento socialista centralizado. Assim, após seu ingresso nas cooperativas, os camponeses receberam compensações financeiras pelo aporte de suas instalações, de suas terras e de seus instrumentos de trabalho. O papel predominante do setor transparece no fato de que as cooperativas chegaram a ocupar 64% das terras contra 31 % pelas empresas estatais e 5% pelo setor privado. De modo geral, as cooperativas húngaras são unidades de produção muito dinâmicas, capazes de inovar rapidamente e diferenciar sua produção. Não apenas participam em larga escala do abastecimento do mercado interno, como contribuem também, em grande parte, para as exportações agrícolas.

O setor cooperativo de produção magiar proporcionou, pelo abandono de um modelo de planejamento tecnocrático, um desempenho agrícola até agora desconhecido na maioria das economias socialistas. Os outros países socialistas passaram a estudar de perto a experiência, em que se associou a autonomia à responsabilidade e o estímulo material à liberdade de escolha.

Uma experiência nacional que merece destaque especial, sobretudo no que se refere ao cooperativismo de produção agrícola, é a do Estado de Israel, cuja própria fundação (em 1948) foi precedida de uma série de projetos de colonização agrícola cooperativista, tendo em vista que 40 anos antes da fundação do Estado surgem os famosos *kibutzim* (cooperativas de produção agrícola comunitária).

O *kibutz* é uma cooperativa de produção agrícola de caráter comunitário, onde não só a produção econômica e sua comercialização são organizadas coletivamente, mas a própria vida social (lazer, refeições em comum, educação infanto-juvenil etc.) também é marcada por valores igualitários. A terra em Israel é propriedade estatal, sua exploração, entretanto, pode ser tanto individual como coletiva, esse usufruto coletivo (em forma cooperativa) apresentando várias combinações. No caso do *kibutz*, os campos de cultura são indivisos e o trabalho é organizado coletivamente, segundo as necessidades técnicas das lavouras e criações, bem como das aptidões e gostos dos membros do *kibutz*

que se autointitulam companheiros (*haverim*). Não é
à toa que os *kibutzim* já foram chamados de "conven-
tos socialistas", dado o grau de espírito comunitário
desenvolvido da combinação da ideologia sionista (que
prega "o retorno da Diáspora" – dispersão – dos judeus
à Palestina) com a socialista. Formados no início por
imigrantes de origem urbana, os pioneiros, simbolica-
mente, lançavam ao fogo seus diplomas, indicando simultaneamente o rompimento definitivo com um estilo
de vida e a valorização do trabalho duro, diretamente
produtivo. A ética desse movimento sempre colocou
no mais alto plano da escala moral o trabalho produtivo.
O bom *haver* (companheiro) respeitado por seus cama-
radas é o homem que faz bem seu trabalho. Seu valor,
qualquer que seja a função exercida na comunidade, é
reconhecido por seus resultados.

    Os *kibutzim* antigos foram fundados nas décadas
de 1920 e 1930, os menos recentes, antes da guerra de
independência do mandato britânico sobre a Palestina,
e os novos após essa época, isto é, de 1948 para cá.
Todos eles se integram a federações (equivalentes a cooperativas centrais ou de segundo grau), isto é, cooperativas de cooperativas. Essas federações assumem a
assistência técnica e a comercialização da produção dos
*kibutzim* (cooperativas de primeiro grau), bem como os
investimentos e a administração de indústrias no nível
regional. As federações são administradas por quadros
originários dos próprios *kibutzim*, cada um deles contri-

buindo com uma espécie de "imposto em homens", o que não deve, entretanto, exceder 7% dos efetivos de cada comunidade. As federações, por seu turno, filiam-se a partidos políticos com variados matizes ideológicos, indicando como esses empreendimentos econômicos derivam de movimentos sociais bem politizados. Daí o porquê não se pode compreender essa experiência sem levar em conta as profundas motivações ideológicas que a geraram. Seus fundadores queriam demonstrar que o judeu, secularmente excluído da posse e do cultivo da terra, podia vencer como colono, bem como pretendiam (e com êxito) substituir, como fundamento da vida social, as motivações individuais e de interesse pessoal por princípios comunitários. Trata-se, segundo um pesquisador, da "mais audaciosa incursão que os homens fizeram no campo da utopia social".

Outro tipo de cooperativa de produção agrícola é constituído pelos *moshavsim*.

O termo *moshav* designa concretamente em Israel o *moshav ovdim*, aldeia cooperativa de pequenos proprietários, regida por princípios igualitários de ajuda mútua. A venda dos produtos do estabelecimento agrícola, bem como as compras necessárias ao trabalho e ao consumo familiar, são efetuadas por intermédio de uma cooperativa mista (com várias seções de serviço especializadas). Além dessas funções (consumo, compras em comum, comercialização agrícola), a cooperativa assume também a contabilidade de cada estabelecimento familiar, bem como os mais variados encargos administrativos dos indivíduos, em face do Estado. Não se trata, pois, de uma simples cooperativa de serviços, mas de um verdadeiro poder municipal. O *moshav ovdim* é um compromisso entre o grupo e as aspirações individuais em termos de combinação de uma agricultura familiar (mas sem assalariados) com um planejamento econômico cooperativo que se duplica em poder municipal. Nesse sentido há uma homogeneidade sociológica da "aldeia cooperativa", inexistente em outros tipos de comunidades rurais, isto é, os cidadãos são também agricultores, não existindo nem a estratificação em classes entre agricultores nem a distância social entre administradores municipais e camponeses.

Grande parte do equipamento agrícola é propriedade do *moshav*, que dispõe de uma estação de máquinas e de tratores para certos serviços comuns. A autonomia do *moshav* é exercida por intermédio da assembleia geral de seus membros, que elege o conselho de aldeia: este decide sobre a venda das benfeitorias dos estabelecimentos agrícolas (no caso de desligamento de algum sócio), bem como sobre a admissão de novos.

Enquanto o movimento *moshav ovdim* data de 1921, em 1939 surge outro tipo (*moshav shitufi*), fórmula intermediária entre o coletivismo do *kibutz* e os lotes individuais do *moshav ovdim*. Aquele, à maneira do *kibutz*, utiliza a terra coletivamente, não existindo lotes familiares. Por outro lado a vida social se organiza em torno da família, ao contrário do *kibutz*, que privilegia a comunidade como tal. Assim, cada família possui sua residência, cujo prédio, entretanto, pertence à comunidade, ocupando-se de seus próprios afazeres domésticos, da criação das crianças e utilizando livremente a renda que lhe é atribuída de acordo com o tamanho da família.

Um "comitê de trabalho" fixa para cada um suas tarefas diárias em função das necessidades setoriais da aldeia cooperativa, levando em conta, entretanto, no caso das mulheres, a idade e o número de filhos para a contabilidade de horas a serem dedicadas à comunidade. Esse tipo de *moshav*, entretanto, é pouco difundido; predominam os *moshav ovdim*.

À maneira dos *kibutz*, os *moshav* se filiam a federações.

### COOPERATIVAS DE SERVIÇOS AGRÍCOLAS

Trata-se do tipo de cooperativa agrícola mais difundido no mundo e conhecida no Brasil como "mista", pelo fato de comportar vários tipos de serviços (crédito, compra de insumos, beneficiamento e comercialização da produção, consumo doméstico, utilização em comum de equipamentos etc.). Esses serviços podem ser prestados em cooperativas, ou seções especializadas, como:

• cooperativas de transformação, conservação e venda de produtos agrícolas;

• cooperativas de compras em comum, os agricultores se cotizam para conseguir pelos menores custos os insumos de que necessitam;

• cooperativas de utilização de equipamento agrícola pesado (máquinas, tratares, colhedeiras etc.), cujo custo de amortização pode se revelar inviável em termos individuais.

Essas cooperativas têm, pois, por objetivo melhorar as condições do empreendimento agrícola e aumentar a renda de seus membros com a utilização comum de certos meios e serviços. Assim, desde a colheita, sua entrega à cooperativa, até a comercialização final, há vários serviços que são usados a fim de levar o produto ao mercado. Em geral, as cooperativas de "vendas em comum", isto é, que comercializam a produção de seus associados, são especializadas nas regiões de monocultura (cana-de-açúcar, cacau, café etc.) e são polivalentes, quando predominam a policultura e as pequenas propriedades. É nesse nível que transparecem as diferenças de classe: enquanto as primeiras são cooperativas do chamado latifúndio produtivo, as segundas são as pequenas cooperativas que, ou podem servir como instrumento de produção econômica e de luta política de camponeses em face de intermediários e agiotas, ou simplesmente refletem a dominação dos "coronéis" e "caciques" locais.

Os serviços prestados pelas cooperativas aos produtores agrícolas se apresentam sob vários aspectos. Primeiro, os agricultores escapam à dominação dos comerciantes e assim são mais bem remunerados. Segundo, uma organização cooperativa permite distribuir as vendas ao longo do ano, estocando, conservando, guardando os excedentes. Finalmente, a comercialização cooperativa tem repercussões sobre a própria produção, uma vez que as necessidades de venda têm efeitos positivos sobre a qualidade dos produtos.

## COOPERATIVAS DE CONSUMO

As cooperativas de consumo são sociedades constituídas com a finalidade de vender a seus aderentes objetos ou gêneros de primeira necessidade, que esses adquirem em grosso. Trata-se de uma associação de consumidores que criam uma empresa com a finalidade de lhes fornecer os produtos de que necessitam.

Enquanto nas cooperativas de produção os cooperados, simultaneamente trabalhadores e sócios-proprietários, abolem a figura do patrão, nas cooperativas de consumo, os compradores como usuários-proprietários tornam dispensável o papel do comerciante. Por isso mesmo, os resultados financeiros positivos de uma cooperativa de consumo (que opera exclusivamente com seus associados) não são lucros (diferença entre o preço de custo e o preço de venda, descontadas as despesas operacionais), mas apenas excedentes, isto é, "cobrados a mais" dos sócios-consumidores. Daí a regra do "retorno" pela qual, ao final de cada exercício financeiro, a entidade devolve os excedentes na proporção do montante das operações de cada membro. Naturalmente a assembleia geral dos associados pode renunciar a esses retornos para fins de investimento.

A constituição de uma cooperativa supõe a subscrição de cotas-partes do capital social pelos aderentes. Essas cotas-partes não equivalem a ações de uma sociedade anônima, pois não geram dividendos, nem seu volume por sócio resulta em maior poder de controle na sociedade. Isso porque, independentemente do número de cotas-partes, cada associado só tem direito a um voto nas assembleias.

Esse é o modelo clássico e consagrado nas diversas legislações existentes no mundo. O arquétipo das cooperativas é, inclusive, uma cooperativa de consumo organizada por 28 operários têxteis, em Rochdale (Inglaterra), em 1848. Essa experiência e outras similares constituíram uma reação de defesa econômica de membros da classe operária oprimida, em uma época de capitalismo concorrencial, onde os princípios liberais significavam apenas e exclusivamente a liberdade dos patrões. Exatamente por isso essas associações refletem o modelo de empresa do capitalismo concorrencial, embora em termos da organização interna, democrática e sem privilégios. Mas é a associação cooperativa que se contrapõe à empresa individual, não ao sistema como todo.

No contexto econômico atual, onde os oligopólios ocupam o primeiro plano, as cooperativas de consumo perderam seu significado contestatório original e foram inteiramente recuperadas, criadas, subsidiadas, organizadas por grandes empresas (estatais ou multinacionais) como serviços sociais ou renda indireta de seus funcionários. O modelo formal-legal persiste: as assembleias, as cotas-partes, os estatutos etc., mas se trata de uma autonomia de fachada: prédio, pessoal técnico, instalações, capital de giro, tudo passa a ser garantido pelo empregador; sua clientela não são mais necessitados, mas uma "aristocracia assalariada", dentro desses "enclaves" entretanto, o cooperativismo de consumo – ao menos na realidade brasileira – não pode ser considerado um movimento social como ocorreu não só na Inglaterra, mas também na França e na Suíça.

## COOPERATIVAS DE PESCA

A importância das cooperativas de pesca em relação a outros tipos concorrentes de organização econômica varia de um país para outro. Na Europa destacam-se a Noruega, a Suécia (onde as cooperativas se voltam sobretudo para a exportação), a Itália e a antiga Alemanha Ocidental, onde as cooperativas administram sobretudo as capturas costeiras, a pesca de alto mar sendo explorada por companhias privadas. Fora da Europa destacam-se no movimento cooperativo pesqueiro o Japão e o Canadá. No Brasil o cooperativismo pesqueiro apresenta certa tradição e peso econômico em São Paulo (Santos) e em Santa Catarina. Há experiências isoladas no Nordeste, promovidas por órgãos estatais, sobretudo pelo Departamento Nacional de Obras contras as Secas (Denocs), no caso da pesca de açude e pela extinta Superintendência de Desenvolvimento do Nordeste (Sudene), no caso da pesca de mar.

Semelhante às cooperativas de produção agrícola, as de pesca tanto podem ser unifuncionais quanto polivalentes. Isto é, tanto pode ser uma associação-empresa especializada prestando apenas um determinado tipo de serviço como pode exercer diversas funções simultaneamente. Eis algumas dessas: aquisição e utilização de barcos de pesca, concessão de crédito aos pescadores, fornecimento de material para pesca, comercialização do pescado, transporte, armazenagem e conservação frigorífica etc.

## COOPERATIVAS DE CRÉDITO

O crédito cooperativo tanto pode ser realizado por associações de primeiro grau ou por seções especializadas em cooperativas mistas que, à maneira de um banco, recebem depósitos não somente de seus associados, mas também de terceiros e, com esses recursos e com o capital subscrito, realizam empréstimos a seus membros, como pode também ser canalizado via empréstimos de bancos (em geral oficiais), para cooperativas de outros tipos, como as agrícolas, de pesca, de artesanato, de produção industrial, de consumo etc. Naturalmente, esse tipo de cooperativa, mais que os outros, está sujeito às oscilações da política econômico-financeira dos países onde se inserem. Aqui, no Brasil, a política de concentração do capital financeiro estimulada pelos governos militares extinguiu uma ativa rede municipal de cooperativas de crédito rural, favorecendo a concentração bancária e burocrática em detrimento da descentralização de caráter associativo.

A sociedade local de crédito cooperativo de tipo autônomo, suficientemente forte para atender a todas as necessidades de seus associados, não é uma coisa muito fácil de se encontrar, sobretudo em um país como o nosso, de grandes diferenças econômicas entre as classes sociais. Assim, as cooperativas de crédito rural, extintas em favor do capitalismo bancário pelo Decreto-Lei nº 59, de 21/11/1966, serviam de fato às elites agrárias locais, não apenas de um ponto de vista econômico-financeiro, mas também como instrumento de poder político local.

Em alguns países, como o Japão, a França e os Estados Unidos, as cooperativas de crédito contaram com decisivo apoio estatal como canais de repasse dos créditos oficiais destinados à indústria e à produção agrícola.

## COOPERATIVAS DE COOPERATIVAS

Quando certo número de cooperativas locais de um mesmo tipo enfrenta uma mesma série de problemas que poderiam ser equacionados vantajosamente em escala maior, constitui-se o que se denomina cooperativa de segundo grau ou central. As cooperativas centrais, também denominadas federações, em geral, assumem a responsabilidade pelo beneficiamento e pela comercialização da produção.

# COOPERATIVISMO E IDEOLOGIA CONSERVADORA

## COOPERATIVISMO COMO "TRANSPLANTE" CULTURAL

O cooperativo "decalcado", copiado do figurino formal europeu, não é exatamente sua cópia, como toda imitação, é uma caricatura. Esse cooperativismo de "macaqueação" compreende um aspecto aparentemente inofensivo e inócuo, folclórico mesmo: a chamada "doutrina". Trata-se de mera transposição mecânica de normas adotadas por uma única cooperativa de consumo inglesa. Ora, já se viu que mesmo a experiência europeia não se limita a um único tipo de organização. Não é à toa que se tomou como modelo justamente uma cooperativa de consumo. Por que não de produção, por exemplo? É fácil compreender que uma cooperativa de consumo não interfere com a propriedade da terra, com a organização entre patrões e empregados etc. Isso já indica que as elites latino-americanas ao importarem, nas décadas de 1930 e 1940, modelos de cooperativas fizeram uma seleção bem conveniente para seus interesses. Da Inglaterra toma-se a ideia das cooperativas de consumo do século XIX, da Alemanha se importa a ideia das cooperativas de poupança e crédito, também do século XIX. O modelo de cooperativas de serviço é o escolhido por não interferir com a organização social da produção.

Mas que tem a ver essa "inovação imitativa" com a folclórica "doutrina cooperativa"? Seria esta última um mero apêndice decorativo desvinculado da prática econômica real das cooperativas? O exame da "doutrina cooperativa" como ideologia e a função dessa ideologia mostram o papel de "controle social" dela.

Apesar de transportado do mundo europeu, o cooperativismo não é uma cópia e sim uma caricatura.

Quem pensa em termos doutrinários, não pensa, não analisa; repete dogmas, verdades indiscutidas e indiscutíveis. Doutrina é, pois, um conjunto de ideias que se aprende e se transmite sem discussão para justificar uma determina prática. Ora, à medida que se transforma uma experiência social dividida em determinado contexto e época em uma "doutrina", se "fossiliza" a experiência vivida. O fóssil imobiliza – embora cópia fiel e testemunho histórico – o que foi vida. Isso se aplica tanto em biologia como em organização social. Mas essa fossilização do social (no caso uma experiência cooperativa de consumo de operários ingleses do século XIX) terá ocorrido casualmente? Ou terá ocorrido por causa de interesses das classes e elites dominantes na América Latina?

A história das instituições latino-americanas está cheia de "transplantes culturais", o que prova ser o caso do cooperativismo apenas mais um exemplo. Assim, importou-se para o Brasil, no século XIX de economia baseada na mão-de-obra escrava, a fórmula europeia de governo da monarquia constitucional, isto é, com um parlamento. Os parlamentares latifundiários dessa monarquia "moderna" se autocolocaram as etiquetas da moda europeia: "liberal" e "conservador". A República não foi fruto entre nós nem de um movimento revolucionário, nem de uma guerra de independência. Surgiu de um golpe militar ao qual "o povo assistiu bestificado", segundo expressão conhecida. Nossa legislação trabalhista do Estado Novo getulista inspirou-se no fascismo italiano. A socialdemocracia europeia foi "traduzida" entre nós pelo PSD dos "coronéis" e das "raposas políticas". Do trabalhismo inglês chegou-se ao PTB peleguista. Para arrematar, um golpe militar conservador vira "revolução"... Por que com o cooperativismo seria diferente? Seria bem estranho que o fosse.

## "DOUTRINA COOPERATIVA" E PRAGMATISMO CONSERVADOR

A "doutrina cooperativa" é habitualmente apresentada como "teoria". Ora, isso não é verdade, pois uma teoria é a cristalização interpretativa de observações e vivências. A teoria deriva, pois, da prática, dela se enriquece, com ela se modifica e se transforma. Ora, uma "doutrina" é exatamente o oposto disso, pois não deriva da observação sistemática da prática, se impõe a ela. Não se adapta, é fixista. Não fertiliza a prática, a esteriliza. Apesar disso é conveniente apresentar a "doutrina cooperativa" como "teoria", pois isso justifica e enobrece a prática ou as práticas do cooperativismo. Trata-se apenas de uma perspectiva falsamente teórica para justificar uma perspectiva pragmática do cooperativismo, isto é, o cooperativismo politicamente "fácil" e "seguro" para os interesses das classes dominantes. A "doutrina cooperativa" é uma falsa teoria, uma vez que consiste em um corpo de princípios abstratos, sem referência a situações históricas concretas e de classe.

Não interfere, pois, com a "prática", não a enriquece, nem a contesta.

Alguns exemplos extraídos de pesquisas recentes mostram como a igualitária "doutrina cooperativa" serve aos pragmáticos (nada idealistas) interesses das classes dominantes.

## COOPERATIVISMO ELITISTA

As cooperativas rurais nordestinas, em sua maioria, estão organizadas segundo uma estrutura de classes. As posições-chave são ocupadas, no interior delas, pelos proprietários de alta renda, que assumem também as lideranças políticas locais e regionais. Essas camadas superiores da população rural são as maiores beneficiárias dos serviços da cooperativa, em termos de assistência técnica, empréstimos de equipamento e crédito. É comum nessas cooperativas a figura do "dono da cooperativa", isto é, a pessoa física que é identificada como se fora proprietária da sociedade cooperativa, única a definir a política desta, manter contatos com os bancos e órgãos de assistência técnica, enfim, a clássica figura insubstituível. Os produtos mais comercializados pelas cooperativas nordestinas são aqueles ligados predominantemente aos grandes proprietários: açúcar, algodão e cacau.

Analisando-se as relações entre o modelo de desenvolvimento econômico brasileiro e as cooperativas, vê-se que o cooperativismo tende a ser mais bem-sucedido quando opera com produtos de exportação ou certas matérias-primas para as indústrias. Em contrapartida, o cooperativismo tem uma incidência marginal no setor de produção de alimentos básicos. Ora, é conhecido como as políticas agrícolas oficiais, têm se voltado preferencialmente para os produtos de exportação, produtos ligados às classes dominantes. O cooperativismo reproduziria e refletiria, assim o modelo de desenvolvimento elitista e concentrador de renda e de terras. Exemplo disso temos no fato de que, em 1975, mais de 50% dos recursos creditícios alocados a cooperativas foram destinados às de trigo e soja, concentradas no sul do país. Já o volume de crédito para cooperativas que tinham arroz, feijão ou milho como seu principal produto, ficou em menos de 8% do total. Um caso exemplar de cooperativismo elitista foi a promoção de cooperativas de beneficiamento e comercialização do algodão no estado da Paraíba na década de 1970. Essa promoção, por órgãos e bancos oficiais, deu-se na esteira de falências de usinas de beneficiamento de algodão, premidas pela crise no setor têxtil. Ora, o grande proprietário, pecuarista, necessitava da produção de algodão como alimento para o gado. A desativação das usinas inviabilizaria, pois, a expansão da pecuária. Daí o interesse do Estado na organização de cooperativas que beneficiariam apenas os grandes proprietários. Quer dizer, a fórmula cooperativa era interessante para o fazendeiro em face do antigo usineiro privado, mas dos benefícios trazidos pelas cooperativas ficam excluídos os parceiros e os pequenos proprietários. As cooperativas de algodão permitiriam aos grandes proprietários de terra romper com a dependência em relação ao antigo usineiro. Apropriam-se diretamente dos lucros obtidos pela comercialização do óleo, torta e pluma na forma de retorno. Por outro lado, porém, os parceiros não têm acesso às cooperativas. Isso porque o grande proprietário recebe 50%, como intermediário, para comercializar. Esse fato coloca o grande proprietário entre os principais associados da cooperativa. Em razão do domínio do grande proprietário sobre a produção do parceiro, o primeiro procura não estimular a associação do último à cooperativa.

Curioso é que essa mesma relação de exploração foi encontrada em uma cooperativa de pesca, também na Paraíba, em 1969. O associado proprietário de embarcação se beneficiava da parceria estabelecida com pescadores que não tinham embarcações. Beneficiavam-se com um retorno financeiro que não lhes pertenceria, se a produção fosse entregue diretamente pelo próprio pescador-parceiro à cooperativa. Isso levava também a que os associados-proprietários de embarcações não estimulassem seus tripulantes pescadores a se associarem à cooperativa. É verdade que se trata, nesse caso, de uma exploração em menor escala do que a existente no caso das cooperativas de algodão. Mas a relação de exploração é a mesma. Como é idêntico o mecanismo de aumento da exploração propiciado justamente pela organização cooperativa.

A recuperação do termo "cooperativa" pelos interesses das classes dominantes ocorre até mesmo em projetos que, em princípio, se propõem a melhorar o nível de vida do trabalhador rural sob o nome pomposo de Cooperativas Integrais de Reforma Agrária (ciras). Esse é o caso de uma cira no estado de Pernambuco, formada por parceleiros nas terras de uma usina de açúcar desapropriada após a falência. O projeto (no papel) visava a transformar os antigos assalariados em pequenos fornecedores de cana-de-açúcar, em um plano para recuperação da usina, agora controlada diretamente pelo Estado. Visava também o projeto (sempre no papel) a estimular culturas alternativas de modo que os parceleiros não ficassem restritos à monocultura.

Na prática, o parceleiro, "cooperado" compulsório, continuou a ser um "assalariado camuflado". Ao parceleiro não foi concedida a propriedade da parcela, ele continuou a trabalhar para a usina (administrada por pessoas de origem latifundiária). A "cooperativa" (administrada por tecnocratas) recebia a produção cobrando taxas arbitrárias e "errando nas contas"; quanto à diversificação da produção, a cira não tomava conhecimento, os financiamentos só iam para a cana-de-açúcar, quem plantasse outra coisa não contava com a "cooperativa", que levasse à feira seu excedente.

O cooperativismo feito para servir aos interesses das classes dominantes levou um dos "cooperados" a denunciar: "Só tem o nome de cooperativa pra pegar o direito da gente"...

Esses exemplos mostram como a aparentemente idealista e inofensiva "doutrina cooperativa" pode ser manipulada para fins nada cooperativos... Eles nos mostram como as características básicas do modelo cooperativo (propriedade, gestão e repartição comuns) ou simplesmente não existem no cooperativismo elites ou, quando existem, funcionam apenas para essas mesmas elites. É feito aquela história: todos são iguais perante à lei, mas uns são mais iguais do que outros... O cooperativismo de elites tem dupla utilidade: econômica e política. Economicamente funciona de maneira rentável para os que antes de serem cooperados são empresários capitalistas. Politicamente serve como uma "esperança honrosa" para os que não podem competir individualmente. A "doutrina cooperativa" acena com esperança para os que não são capitalistas. "Faz de conta" que os não-capitalistas são empresários, via a associação destes à pessoa jurídica cooperativa. "Vende" a imagem da colaboração entre as classes como se os interesses diversos "se dissolvessem" na cooperativa. Finalmente, manipulando uma ideologia igualitária, prioriza de fato os negócios individuais e os privilégios de classe. Há, pois, um casamento conveniente, explícito ou implícito, entre o "congelamento" de uma experiência social contestatária por meio de uma "doutrina" e o cooperativismo elitista.

Há um equívoco fundamental na maneira pela qual costuma ser incrementado o cooperativismo. Este costuma ser apresentado como "tábua de salvação econômica" de categorias de baixa renda, como pescadores artesanais, pequenos agricultores, artesãos, desempregados etc. O apelo à "solução" é operacionalizado por intermédio dos postulados da "doutrina cooperativa" que reflete, por sua vez, uma ideologia liberal competitiva no sentido clássico do termo. Isto é, tudo se passa como se vivêssemos em uma economia de pequenas e médias unidades produtivas, em um regime de concorrência perfeita. Ora, os postulados da ideologia liberal clássica não são mais funcionais – se jamais o foram – para as condições econômicas atuais, sobretudo em um país como o Brasil que tem sua estrutura produtiva, tanto agrícola quanto industrial, fortemente condicionada pelos centros capitalistas hegemônicos. E aí está o equívoco, que não é um equívoco apenas "técnico", mas que reflete justamente o papel do cooperativismo em geral utilizado pelas classes dominantes como paliativo econômico e "esperança honrosa" dos que não podem "competir individualmente". O cooperativismo é pensado, pois, nesse caso, para "remendar" as lacunas sociais e econômicas muito gritantes do sistema. Para isso a "doutrina cooperativa" é tremendamente funcional e, portanto, conservadora, pois, como fóssil da ideologia liberal clássica, revestida ademais de um apelo "igualitário e humanista", dá a entender que, na nossa época de multinacionais, de oligopólios, de renúncia fiscal ao grande capital, basta a união de alguns: homens e reais para "fazer a força". Em síntese, o cooperativismo serve de álibi para as classes dominantes. Os desprovidos de instrução formal, de condições mínimas de alimentação e saúde, de recursos financeiros e técnicos podem também competir, não "individualmente", é verdade, mas podem se unir para competir. Se fracassam, tudo se resume a um problema de relacionamento entre indivíduos. Fracassaram não por uma situação de classe desvantajosa, pela falta de acesso aos centros de decisão política e de controle dos instrumentos econômico-financeiros, reguladores do mercado e preço de seus produtos, mas apenas porque, como indivíduos "ignorantes e ineficientes", são incapazes de "cooperar".

# Cooperativismo e ideologia renovadora

### Cooperativismo informal

Para se poder captar o papel transformador do cooperativismo, deve-se antes de mais nada distinguir a ação político-econômica cooperativa do enquadramento legal cooperativo. Isto é, não se deve confundir o continente com o conteúdo. Não se deve considerar "cooperativa" uma instituição, apenas pelo simples fato de esta estar enquadrada nos requisitos definidos em lei. A "casca" jurídica pode esconder uma ilusão sob as aparências dos registros burocráticos.

Isto não quer dizer que a legislação e o enquadramento administrativo sejam incompatíveis com uma ideologia cooperativista renovadora de contestação. Apenas significa que, por conta das origens elitistas do cooperativismo latino-americano, a legislação nessas condições não apenas legitima um tipo conservador de cooperativismo, mas também, automaticamente, exclui experiências cooperativas contestatárias e, por isso mesmo, marginais. A letra da lei cooperativista desconhece a prática cooperativista dos iletrados.

O rótulo jurídico confunde, pois, mais do que identifica, o que é cooperativismo. Sobretudo se se quiser distinguir o cooperativismo conservador do renovador. O cooperativismo dos grandes daquele dos pequenos. O cooperativismo dos latifundiários daquele dos sem-terra. O cooperativismo capitalista, do de perfil socialista ou não-capitalista.

A prática efetiva, e não a mera etiqueta jurídica, é o critério identificador da associação cooperativa, a qual pressupõe as seguintes características: propriedade, gestão e repartição cooperativas. Essas características, e não o registro junto aos "órgãos competentes", são os reais indicadores de uma prática cooperativista.

## COOPERATIVISMO E MOVIMENTOS SOCIAIS

A concepção comum de cooperativismo precisa ser ampliada. O interesse por associações praticando outros métodos de ação coletiva (além dos utilizados comumente nas organizações legais cooperativas) se fundamenta na observação de certos casos.

Trata-se de rejeitando o colonialismo intelectual e a mania de imitar – não considerar o camponês e o assalariado latino-americanos incapazes de criar modelos próprios. O problema, então, é estar aberto para a experiência criadora dos grupos que estão comprometidos com as transformações estruturais. Buscar informação sobre os esforços de cooperação real em nível popular, especialmente os que desafiam as estruturas de dominação vigentes.

O depoimento de um líder camponês do Maranhão demonstra como a ideologia cooperativista pode ter um papel político transformador. Trata-se de exemplo (que não é isolado) de um cooperativismo como construção alternativa das classes oprimidas.

Nós começamos a organizar a defesa da produção que os camponeses já tinham – a farinha, o arroz, o milho – fazendo um paiol coletivo. (...) Construímos o paiol. Era um tipo de pequeno armazém. Foi coberto com palha, parede de barro, de taipa. A gente forrou o chão com pau, depois fez uma esteira de palha de coco de babaçu e forrou com capim pra ficar quentinho. Ali em cima botou o arroz, a produção da roça coletiva. (...) Esse paiol coletivo era guarnecido pelos camponeses junto com os armados – o pessoal que vinha dos antigos grupos organizados. Isso com as armas que tinham: facão, espingarda de caça. Eles se organizavam e botavam sentido no paiol. Agora, por que botar sentido no paiol? Em geral, os camponeses devem dinheiro aos comerciantes, porque compraram fiado na mão deles durante o ano. No fim do ano eles pagam com a colheita nova, mas o comerciante nessa data derruba o preço. Eles são obrigados a dar a produção pelo preço miserável. E, se um cara não desse, ele mandava lá o jagunço buscar o arroz nos paióis isoladamente, de um a um. Pega daquele, daquele outro, até o derradeiro. Ninguém podia fazer nada. Agora, estando todo mundo com o arroz no mesmo paiol, já ficava mais difícil do cara invadir um paiol que estava sendo guarnecido. Todo mundo sabia quantos alqueires tinha ali dentro do paiol.

Esse trecho do depoimento mostra como a defesa econômica dos pequenos produtores não é apenas uma questão técnica de comercialização agrícola. A questão técnica (armazenar a produção) confunde-se com a questão política. Não basta construir um paiol, é preciso até defendê-lo de armas na mão. A exploração econômica dos intermediários combina-se com a violência. Desse contexto surge a solução cooperativa. Cooperativismo informal, isto é, não legalizado, mas bem real. Dessa defesa coletiva da produção surge a ideia da produção também coletiva:

Desse paiol coletivo foi que surgiu a ideia de alargar pra roça coletiva. (...) Nós procuramos também coletivizar a produção e a propriedade que estava sendo ameaçada pelos jagunços, grileiros, capitalistas, fazendeiros, o diabo. Por exemplo, se nós comprássemos um trator pra produzir ali dentro, era também um trator comprado com o produto daquela roça coletiva. Portanto, um trator coletivo, que vai trabalhar em diferentes roças, de diferentes pessoas. (...) O trabalho coletivo, a terra desbravada coletivamente, a produção colhida, botar tudo num só armazém. A produção que se diz pra negócio.

Agora, o excedente, que não é pra negócio, fica com a família, lá na sua casa, produção pra comer. Mas o que é pra negócio é tudo coletivo. O plano era esse aí.

Essa experiência não é um caso isolado da década de 1960 no Maranhão. No Piauí havia, em 1971 nove "roças comunitárias" distribuídas por três municípios, plantando arroz, algodão, feijão, mandioca e milho. Em dois desses municípios, os grupos das "roças comunitárias" organizaram também casas de farinha modernas (motorizadas) de propriedade e gestão coletivas.

Na região amazonense de Tefé encontra-se, também na década de 1960, igual ocorrência das "roças comunitárias". Na Bahia, já nos anos 1980, os índios-camponeses Kiriri também se mobilizam pela organização de "roças comunitárias".

A produção dessas roças é dividida equitativamente pelas famílias que participaram de todo o processo de trabalho. A partir delas passaram a reivindicar coletivamente as sementes à Funai (Fundação Nacional do Índio). Ao mesmo tempo os índios se recusavam a trabalhar para os fazendeiros locais. Para contornar o endividamento com os comerciantes locais, os Kiriri organizaram uma "bodega comunitária", a venda de objetos artesanais também vem sendo organizada em termos cooperativos informais.

Com a redemocratização do país, ao término da ditadura militar em 1985, uma onda associacionista, surgida na esteira dos movimentos sociais desse contexto, vem fazer parte do novo cenário institucional sociopolítico. Verdade é que muitas dessas associações também foram implantadas de maneira artificiosa para "receber financiamento para projetos". Independentemente de certos vícios de origem, bem ou mal intencionados, pouco importa, agentes do Estado e de ONGs a seu serviço (organizações não-governamentais) exigindo a constituição de associações para poder ocorrer o "repasse de recursos", o fato é que essa onda associacionista constitui bem ou mal uma expressão do que se conveniona chamar de Sociedade Civil em termos de demandas e propostas em face do Estado. Ora, muitas dessas associações constituem autênticas experiências pré-cooperativas, em que grupos de agricultores familiares se organizam em torno da produção de produtos orgânicos, por exemplo, partilhando tarefas e dividindo custos de transporte ao levarem diretamente esses produtos ao consumidor urbano, eliminando a figura do intermediário. É o caso, por exemplo, da Associação dos Moradores das comunidades do Imbé e Marrecos, assim, em Pernambuco, cujo presidente em entrevista de pesquisa em sua residência declarou:

> A gente começou mais se organizando nessa questão de trabalhar na agricultura orgânica e em 2004 a gente trabalhou no Espaço Agro-Ecológico [associação de feirantes-produtores de orgânicos], mas a gente sentiu dificuldade em questão de transporte (...) antes se dizia que o produtor só fazia produzir, mas a gente provou o

contrário, que o produtor pode produzir e também comercializar, e nessa comercialização o produtor está afastando o atravessador, que é um fator muito importante na vida do produtor é livrar o atravessador.

Todas essas experiências, embora algumas nem sempre legalizadas, apresentam as características básicas de uma organização cooperativa: propriedade, gestão e repartição comuns. E o que é mais, além da função econômica imediata (produção, comercialização, consumo, artesanato etc.) dessas experiências, essas constituem simultaneamente iniciativas políticas de classes oprimidas. Cabe finalmente referir o Movimento dos Sem-Terra (MST) que em seus 22 anos de existência já conta com mais de 160 cooperativas em doze estados, desenvolvidas em um processo de mudança social em que não só o modelo de propriedade da terra como gerador de renda fundiária é contestado, mas toda uma cultura de poder oligárquico é minada. Ditas cooperativas compreendem três formas de primeiro nível: CPA – cooperativas de produção agropecuária; CPS – cooperativas de prestação de serviços; e cooperativas de crédito. Além do MST, outras entidades, como o Centro de Assessoria e Apoio aos Trabalhadores Rurais (Cepagri) a Associação dos Agricultores Ecológicos das Encostas da Serra Geral – Agreco, a Federação dos Trabalhadores na Agricultura Familiar (Fetraf/Sul) em Santa Catarina, a Confederação Nacional dos Trabalhadores na Agricultura (Contag) e suas filiadas nos vários estados, são algumas das entidades que militam em favor dos interesses da agricultura familiar. O reconhecimento crescente do papel econômico e social da agricultura familiar também se situa historicamente nos anos 1980, a partir da redemocratização, com a recuperação da bandeira da reforma agrária que estivera entre parênteses no período do regime militar (1964-1985), novo reencontro histórico, portanto, à semelhança das cooperativas de trabalho que reatam com a tradição operária do início da Revolução Industrial.

## COOPERATIVISMO E PERSPECTIVA SOCIALISTA

Existe um cooperativismo de elites e um cooperativismo de pés-no-chão; um cooperativismo legalizado, letrado e financiado e um cooperativismo informal, "sem lei e sem documento", não-financiado e mesmo reprimido. O cooperativismo não está pois "imune" à divisão da sociedade em classes. Isso é importante frisar, porque muitas vezes o cooperativismo é apresentado como se fora "uma borracha" que apagaria as diferenças de classe. Por isso mesmo ele costuma também ser apresentado como uma "terceira via" entre o capitalismo e o socialismo. Mas não existe "terceira via", ou o cooperativismo se subordina ao capital e seus interesses, ou o cooperativismo é um instrumento em função de uma perspectiva socializante. Não um socialismo burocrático, totalitário e estatizante, mas um socialismo democrático, autogestionário e participativo. Adjetivos utópicos? Palavras vãs? Nem tanto assim. Afinal, quais são os componentes de uma sociedade socialista democrática? As bases desse projeto são:

- propriedade social dos meios de produção;

- gestão democrática desses meios; e

- orientação da produção em função da satisfação das necessidades humanas.

Propriedade social dos meios de produção não é sinônimo de propriedade estatal. Pelo contrário, significa, isso sim, que esta está a serviço da coletividade, não da tecnocracia estatal ou partidária. Isso se consegue justamente pela gestão democrática desses meios com vista à satisfação das necessidades humanas e não em função do lucro ou do poder estatal ou partidário.

Ora, comparando-se as características básicas da organização cooperativa (propriedade, gestão e repartição comuns), é fácil comprovar como o cooperativismo pode servir a um projeto socialista. Naturalmente, isso só se aplica a um cooperativismo identificado com as aspirações e necessidades das classes menos favorecidas. Afinal, se o socialismo de Estado como sistema de poder mostrou-se inconsistente, permanece a questão da possibilidade de uma sociedade socialista, pois o socialismo é uma prática aberta para o possível

em uma busca construtiva em determinadas condições
históricas.

Sem referir-se a situações históricas concretas e de classe, a
"doutrina cooperativa" tornou-se uma falsa teoria.

## Indicações de leitura

A bibliografia sobre cooperativismo na América Latina e especial no Brasil era praticamente nula até há poucos anos. Isso do ponto de vista de uma orientação crítica, tanto econômica quanto sociológica. Um autor extremamente sugestivo na abordagem do papel ideológico da doutrina cooperativa é o sociólogo colombiano Orlando Fals Borda. Seu pequeno livro *El reformismo por dentro en América Latina*, Col. Mínima, Siglo Veintiuno, 1972, é uma jóia sobre a recuperação do cooperativismo pelas classes dominantes. Existe uma tradução, feita por mim, de um artigo de Orlando Fals Borda intitulado "Formação e deformação da política de cooperativismo na América Latina", publicada na extinta revista da Sudene Cooperativismo & Nordeste, vol. 7, nº 1, jan-abr.1972. Nesse artigo, além da crítica feita ao cooperativismo como transplante cultural, o autor frisa a necessidade de se buscar modelos cooperativos próprios, não importados.

Quem estiver interessado em uma análise de estruturação interna do poder nas cooperativas nordestinas, recomendo meu próprio livro *Cooperativas agrícolas no Nordeste brasileiro e mudança social*, Ed. Universitária UFPB, 1979. Nesse trabalho também abordo o aspecto ideológico-conservador da doutrina cooperativa e faço uma análise da programação de cooperativismo da Sudene.

Um livro bastante rico em informações e interpretações sobre o cooperativismo brasileiro é a coletânea *Cooperativas agrícolas e capitalismo* no Brasil, organizada por Maria Rita Loureiro, Cortez, 1981. Destaco especialmente os trabalhos de João Elmo Schneider, José Roberto Novaes e Suely Cavendish, dos quais utilizei dados neste livro. A inserção do cooperativismo no capitalismo dependente e em uma sociedade autoritária caracteriza essa coletânea.

Apesar de um surpreendente título idêntico, *Cooperativas agrícolas e capitalismo no Brasil*, de Maria Tereza Lema Fleury, publicado em 1983 pela Global, constitui uma pesquisa à parte. E pesquisa séria, sobre cooperativas de laticínio em São Paulo. Nesse trabalho, a autora faz uma análise fina (econômica e sociológica) das relações entre diferentes categorias de produtores de leite (pequenos, médios e grandes) e gestão cooperativa. Há também, nesse livro, toda uma discussão teórica sobre características da organização cooperativa, cooperativismo e socialismo etc.

Sobre o tema do cooperativismo informal me foi muito útil o livro-depoimento de Manuel da Conceição, *Essa terra é nossa*, organizado por Ana Maria Galano, Vozes, 1980. Também sobre esse assunto publiquei um artigo no nº 2 (1969) de Cadernos do Centro de Estudos Rurais e Urbanos, da USP.

Na redação do capítulo sobre tipos de cooperativas utilizei a coletânea, da qual sou co-autor, *A problemática cooperativista no desenvolvimento econômico*, editada pela Fundação Friedrich Naumann da Alemanha, em 1973, em São Paulo. Destaco especialmente o trabalho de Goodwin Norman Lamming, intitulado *Eficiência em administração de cooperativas*, um exemplo de abordagem técnica – do ponto de vista da administração de empresas – que não perde de vista o problema da participação na cooperativa.

Na esteira dos trabalhos citados, Maria Luiza Lins e Silva Pires desenvolveu pesquisa de fôlego, *O cooperativismo em questão*, Ed. Massangana da Fundação Joaquim Nabuco, Recife, 2004. Destaco nesse livro o confronto que a autora faz entre o cooperativismo que dá ênfase aos valores sociais e o cooperativismo que dá ênfase aos valores de mercado.

Sobre a chamada economia solidária, a coletânea organizada por Luiz Inácio Gaiger, *Sentidos e experiências da economia solidária no Brasil*, Ed. da UFRGS,

2004, constitui importante fonte de consulta e reflexão tanto sobre experiências em diferentes contextos regionais e setoriais quanto em termos de interpretação teórica.

Ainda sobre economia solidária, cooperativismo e fórmulas alternativas de organização socioeconômica e política, sugiro o livro do economista Paul Singer, *Globalização e desemprego: diagnóstico e alternativas*, Contexto, 1998, especialmente os capítulos 5 e 6.

O sociólogo José de Souza Martins em seu livro *Reforma agrária: o impossível diálogo*, Edusp, 2000, no capítulo 4 apresenta uma esclarecedora discussão sobre a temática do socialismo.

Em uma perspectiva também dialética, o sociólogo alemão Robert Kurz no livro *Os últimos combates*, Vozes, 1998, discute no capítulo significativamente intitulado "Para além de Estado e Mercado", o novo papel do cooperativismo no contexto contemporâneo.

## Sobre o autor

Nasceu em Recife, PE, em junho de 1940. Graduou-se em Letras Clássicas em 1961, na UFPE e, em Ciências Sociais, em 1971, na Católica de Pernambuco – Unicap. Fez especialização em sociologia aplicada ao cooperativismo no Collégge Coopératif de Paris, no período 1963-65, sob a orientação dos professores Henri Desroche e Maria Isaura Pereira de Queiroz. Estagiou no Kibutz Gaash, em Israel, no verão de 1964. Trabalhou na Divisão de Organização Agrária da Sudene entre 1965 e 1976, tendo aí organizado pesquisas de campo e fundado a revista especializada Cooperativismo & Nordeste. É mestre em Ciências Sociais Rurais pela Escola Superior de Agricultura Luiz de Queiroz, da USP.

É doutor em Sociologia (1983) pela École des Hautes Études em Sciences Sociales, Paris, tendo trabalhado sob a orientação do professor Albert Meister. Entre 1976 e 1998 trabalhou no Departamento de Ciências Sociais daUFP8. Atualmente trabalha no Departamento de Letras e Ciências Humanas da Universidade Federal Rural de Pernambuco. É autor de três livros e de vários artigos.

JAZZ
JORNALISMO
JORNALISMO SINDICAL
JUDAÍSMO
JUSTIÇA
LAZER
LEGALIZAÇÃO DAS DROGAS
LEITURA
LESBIANISMO
LIBERDADE
LÍNGUA
LINGUÍSTICA
LITERATURA INFANTIL
LITERATURA DE CORDEL
LIVRO-REPORTAGEM
LIXO
LOUCURA
MAGIA
MAIS-VALIA
MARKETING
MARKETING POLÍTICO
MARXISMO
MATERIALISMO DIALÉTICO
MEDIAÇÃO DE CONFLITOS
MEDICINA ALTERNATIVA
MEDICINA POPULAR
MEDICINA PREVENTIVA
MEIO AMBIENTE
MENOR
MÉTODO PAULO FREIRE
MITO
MORAL
MORTE
MULTINACIONAIS
MUSEU
MÚSICA
MÚSICA BRASILEIRA
MÚSICA SERTANEJA
NATUREZA
NAZISMO
NEGRITUDE
NEUROSE
NORDESTE BRASILEIRO
OCEANOGRAFIA
OLIMPISMO
ONG
OPINIÃO PÚBLICA
ORIENTAÇÃO SEXUAL
PANTANAL
PARLAMENTARISMO
PARLAMENTARISMO

MONÁRQUICO
PARTICIPAÇÃO
PARTICIPAÇÃO POLÍTICA
PATRIMÔNIO CULTURAL
IMATERIAL
PATRIMÔNIO HISTÓRICO
PEDAGOGIA
PENA DE MORTE
PÊNIS
PERIFERIA URBANA
PESSOAS DEFICIENTES
PIXAÇÃO
PODER
PODER LEGISLATIVO
PODER LOCAL
POLÍTICA
POLÍTICA CULTURAL
POLÍTICA EDUCACIONAL
POLÍTICA NUCLEAR
POLÍTICA SOCIAL
POLUIÇÃO QUÍMICA
PORNOGRAFIA
PÓS-MODERNO
POSITIVISMO
PRAGMATISMO
PREVENÇÃO DE DROGAS
PROGRAMAÇÃO
PROPAGANDA IDEOLÓGICA
PSICANÁLISE 2ª VISÃO
PSICODRAMA
PSICOLOGIA
PSICOLOGIA COMUNITÁRIA
PSICOLOGIA SOCIAL
PSICOTERAPIA
PSICOTERAPIA DE FAMÍLIA
PSIQUIATRIA ALTERNATIVA
PSIQUIATRIA FORENSE
PUNK
QUESTÃO AGRÁRIA
QUESTÃO DA DÍVIDA
EXTERNA
QUÍMICA
RACISMO
RÁDIO EM ONDAS CURTAS
RADIOATIVIDADE
REALIDADE
RECESSÃO
RECURSOS HUMANOS
REFORMA AGRÁRIA
RELAÇÕES INTERNACIONAIS
REMÉDIO

RETÓRICA
REVOLUÇÃO
ROBÓTICA
ROCK
ROMANCE POLICIAL
SEGURANÇA DO TRABALHO
SEMIÓTICA
SERVIÇO SOCIAL
SINDICALISMO
SOCIOBIOLOGIA
SOCIOLOGIA
SOCIOLOGIA DO ESPORTE
STRESS
SUBDESENVOLVIMENTO
SUICÍDIO
SUPERSTIÇÃO
TABU
TARÔ
TAYLORISMO
TEATRO
TEATRO INFANTIL
TEATRO NÔ
TECNOLOGIA
TELENOVELA
TEORIA
TOXICOMANIA
TRABALHO
TRADUÇÃO
TRÂNSITO
TRANSPORTE URBANO
TRANSEXUALIDADE
TROTSKISMO
UMBANDA
UNIVERSIDADE
URBANISMO
UTOPIA
VELHICE
VEREADOR
VÍDEO
VIOLÊNCIA
VIOLÊNCIA CONTRA A
MULHER
VIOLÊNCIA
URBANA
XADREZ
ZEN
ZOOLOGIA